小学语文学业评价

命题与创新

刘学山 ◎ 著

安徽师范大学出版社

ANHUI NORMAL UNIVERSITY PRESS

·芜湖·

图书在版编目(CIP)数据

小学语文学业评价命题与创新/刘学山著.—芜湖:安徽师范大学出版社,2024.8

ISBN 978-7-5676-6605-4

Ⅰ.①小… Ⅱ.①刘… Ⅲ.①小学语文课—教学研究 Ⅳ.①G623.202

中国国家版本馆CIP数据核字(2024)第000160号

小学语文学业评价命题与创新 刘学山◎著

XIAOXUE YUWEN XUEYE PINGJIA MINGTI YU CHUANGXIN

责任编辑:吴毛顺　　　　　　责任校对:平韵冉

装帧设计:王晴晴　冯君君　　责任印制:桑国磊

出版发行:安徽师范大学出版社

　　　　芜湖市北京中路2号安徽师范大学赭山校区　　邮政编码:241000

网　　址:http://www.ahnupress.com/

发 行 部:0553-3883578　　　5910327　　　5910310(传真)

印　　刷:安徽联众印刷有限公司

版　　次:2024年8月第1版

印　　次:2024年8月第1次印刷

规　　格:700 mm×1000 mm　　1/16

印　　张:13

字　　数:201千字

书　　号:978-7-5676-6605-4

定　　价:49.80元

凡发现图书有质量问题,请与我社联系(联系电话:0553-5910315)

前　言

有一种精神叫敬业，"衣带渐宽终不悔，为伊消得人憔悴"；

有一种力量叫坚持，"既然选择了远方，便只顾风雨兼程"；

有一种激情叫追求，"路漫漫其修远兮，吾将上下而求索"。

翻开本书，也许你会有种莫名的小确幸，也许你会有种百转千回的恍然，因为这些文字记录的是一群"小语人"在命题探索上或深或浅、或直或曲的脚印，它承载着跋涉的艰辛、困惑的阵痛、收获的欣喜。同时这本书充满着期盼和希冀，希望给命题研究者打开一扇窗，照亮前行的道路，明晰命题的宗旨、方向和原则……

"小学语文命题设计的问题中，有没有点金石?""有没有解一题，百题自开的命题?"如此迫切的呼声绝不是某一位教师发出的，而是众多一线教师的心声。伴随着这些呼声，伴随着核心素养培养的要求，一直以来机械、僵化的命题设计，学段目标模糊不清，素养考查未受到足够重视等问题，浮出水面，成为众多教师关注的焦点。

命题如何体现对学生核心素养的培养，如何落实立德树人根本任务，无论是苦于命题无法创新的老教师，还是面对命题一头雾水的新教师，都有对命题指导的迫切需求。

命题对学校教育教学具有重要的引导作用，是健全立德树人、落实教育机制、扭转不科学教育评价的关键环节，对于全面贯彻党的教育方针和推进素质教育具有重要意义。

一直以来，合肥市教科院把提高命题质量作为指导教学、推动教学改革的重要着力点，2016年合肥市教科院首次进行了评价改革，开展了绿色指标评价测试工作。在这6年的命题研究工作中，我们积累了大量的学科学业评价的经验，积极探索基于实践的学科命题理论。为了将我们的思考、研究成果，惠及广大教师，更广泛地提高一线教师命题设计和研究水平，改进教学评价，在总结分析的基础上，笔者编写了这本《小学语文学业评价命题与创新》，希望能够深入浅出、理论联系实际地阐释评价的原理，帮助广大教师掌握命题的基本方法、基本技能，促使命题能够更加科学、有效，促进教师的"教"和学生的"学"。经过两年的编写以及数次修改，这本书终于呈现在大家面前。

本书将小学语文新课程标准理念、小学语文核心素养融入命题当中，充分发挥命题对于促进学生发展的重要功能；命题在呈现形式和内容设置方面都有许多亮点，凸显以人为本、开放创新、促进发展的命题艺术。全书包括五个章节27个主题篇幅，既有前沿的理论，也有典型的案例。本书特点是：

第一，方向性。绿色评价命题必须体现课改方向，助推教学改革。本书坚持基于课标、能力立意的命题原则，强调语文学科的基础性、应用性和工具性，使命题与学生生活和社会相联系，考查学生在真实情境中运用所学知识，独立思考分析问题与解决问题的能力，提升思维水平和思维品质。

第二，专业性。本书体现小学语文学科特点，编写立足于《义务教育语文课程标准（2022年版）》，在阐述命题理论和进行命题实践的时候，努力指向小学语文核心素养。

第三，前瞻性。本书努力吸收先进的PISA测评思想，学习测评方式，科学评判命题价值，总结命题技术。

　　第四，实践性。本书最大的特点是来自实践，并指向实践，深入阐释学科原理，注重命题技能实训以及典型命题分析，以满足一线教师研究命题技术之所需。

　　第五，实用性。本书在编写时坚持以读者为中心，充分考虑读者的需求，突出命题的原则、过程、方法、典型例题分析等，力求让一线教师看得懂、学得会、用得上。

　　我们认为，不会设计作业的教师未必是合格的教师，不会命制试卷的教师很难成为优秀的教师。希望各地重视一线教师的命题研究与培训，积极推广基于自主命题的校本研究，让教师在真实的命题实践中，提高命题水平以及把握课程标准的能力。这本书正是迎合一线教师这一需求而推出的学科命题研究著作，也可作为命题技术培训用书。衷心希望这本书能带给读者多样化、深层次和具有成长性的启发，切实引导广大教师更新命题观念，转变命题行为，促进广大教师的专业发展。

　　可喜的是，目前各地区都注重教师的命题研究，将命题作为语文教师的一项基本功，开展了命题创新大赛和专题培训活动，通过研、训、赛一体化的方式来提升教师的命题设计能力和研究水平。

　　核心素养导向下的小学语文命题艺术是教师教育教学中必须精心研究的一环，是一种创造性和艺术性的行为，教师要不断提升自己的研究水平和理论水平，努力设计出有利于学生核心素养培养的命题，为自己的教育生涯留下浓墨重彩的一笔，为学生的全面发展做出贡献。

　　尽管笔者写作时本着严谨的态度，但难免还有疏漏之处，恳请各位专家、老师提出宝贵意见。

2024年6月28日

目　录

第一章　小学语文学业评价命题概述

第一节　语文学业评价在语文教学中的作用

　　语文是一个体系庞杂又具有一定内在关联的学科，也是其他学科学习的基础，直接关系到个人的成长与生活。语文评价作为学习过程和结果的检测手段，要求真实客观地对教与学的效果进行反馈，多维度地反映学生的学习水平。作为语文教育的重要组成部分，语文评价研究与改革一直是语文课程建设的重要内容，与教材建设、课堂教学、学习方式等研究协同发展。新一轮课程改革后，课堂教学淡化了学业评价的选拔与甄别功能，在"双减"政策背景下，学业评价的整体数量被严格量化。在这一教学走势和新的教育大环境下，学生的学习质量是否能够得到保障，需要通过更为有效的评价来检验。教师的课堂教学改革效果如何，也需要有效的学业评价来检验。因此，教师的教学活动、学生的学习活动与语文学业评价的联系更为紧密，从教学评一体化来看，学业评价的作用显得更为重要。

一、学业评价定义

（一）什么是学业评价

　　学业评价是指根据一定标准，对学生的学习结果进行价值判断的活动，即测定或诊断学生是否达到教学目标及其达到目标的程度。学生的学业评价包括确定学业评价的依据、编制学业评价的试题、实施评价活动、分析测验结果等几个方面。具体来说，学业评价主要是解决评价什么、用什么评价、怎样评价、谁来评价、如何使用评价结果等几个问题。

学业评价侧重于对学生学习水平的检测，包括知识积累水平、理解判断水平、综合归纳水平和运用创造水平等，其中知识积累和综合运用是学业水平的主要表现。

（二）小学语文学业评价的界定

小学语文学业评价是对学生在具体语言情境中理解语言与运用语言教学所作的价值判断，并不仅仅表现为单一的试卷测试结果。它是按照语文课程教学目标，利用测量和非测量的方法，系统地搜集资料信息，对学生在语文学习过程中所产生的发展变化及影响学生发展变化的各种要素进行价值分析和价值判断，并为语文教育决策提供依据的过程。小学语文学业评价的目的是促进学生全面发展，具体来说就是要通过评价确认学生在语言学习实践中的进步和所达到的语言应用水平，诊断学生在语言学习中存在的问题，促进学生的反思和发展。

（三）小学语文学业评价的重要内容

突出考查学科知识的内在本质，是小学语文学业评价的重要内容。由于语文学科本身具有的复杂性，许多学生在学习过程中"知其然而不知其所以然"。对卷面分数的过分追求，不了解学科知识要考查的内在本质，对所学内容不求甚解，这会导致学生在学习语文的过程中出现各种各样的问题，无法构建逻辑严谨的语文知识体系，与教学宗旨背道而驰。

突出考查学科知识的内在本质，是每一位语文教师在语文学业评价过程中必须关注的，只有明确学科知识的内在本质，才能清楚学生的学习情况，有针对性地制订下一步的学习计划，逐步完善学习进程。

二、小学语文学业评价的作用

小学语文学业评价在小学语文教学中有着多重作用，因而其在整个语文教学中有着重要而独特的地位。

（一）教学目标达成度的测量与诊断

教学目标是整个教学活动的灵魂和核心，是"教"与"学"系列活动的靶向和重心。目前，教学中倡导教学评一体化，其目的就是要聚焦目标，统整教学活动各个环节，使各项活动不走样。教学和学习先于评价发生，但是评价又可以反观教学和学习。教学评价的题目和形式一般依据教学目标去设定，是某个时间段教学内容的浓缩。教学评价的结果将直接反馈教学目标的达成度，反馈教师课堂教学的优点与不足，帮助教师调整教学思路和方法，进一步明确教学重点。学业评价将反映学生的学习方式是否恰当，明确学习活动的得与失，对所学内容的掌握是否过关，从而查漏补缺，自我完善。

学业评价的检测与反馈是通过具体量化的方式反映教学目标的达成度，通过对识字与写字、阅读与鉴赏、积累与梳理、表达与创造诸模块的具体考查，全方位测量教与学的效果，并按照本杰明·布鲁姆关于认知领域能力分层的相关理论，对学生学习状况进行诊断分析，从而反映教学目标的达成情况。

（二）教与学机动调整方向的指南

1.促进学生学习活动的调整

学生在面对评价结果的时候，往往会进行主动反思，或者是在家长和老师的协助下进行一定的反思。反思后的调整，将促进学生的学习方式更加适应当前的教学，对当前的教学内容会更加关注，对上一时间段的学习也将进行回顾补充。当然，学生的调整包括经验的总结，将前一段时间做得好的方面延续下去，逐渐完善自己的学习方式和知识体系。

2.助力教师教学活动的优化

学业评价后，学生的学业结果反馈会促进教师主动进行教学上的调整，教师是教学的实施者，因而面对反馈的调整往往会更加积极、深入。通常情况下，教师会根据最直观的反馈结果得出自己教学方式上的问题，或者得出自己知识面和钻研程度上的不足，进而调整。除此之外，教师还可能会发挥自己的主观能动性，反思自己与学生的相处方式等方面是否影响到了学生的学习效果。

（三）各级教学管理调整的方向

学业评价内容一般是由市一级或更高一级教育主管部门拟定，由分管的各级单位及学校来执行完成。因此，学业评价将会促进各级教学单位进行相应的调整。

1.促进学校教学的调整

不同学校之间的学业评价数据对比会反映学校教学工作中的优势和不足，进而促进学校之间整体或相应学科的交流，做到优势互补。

2.促进宏观教学管理的调整

用同样的评价工具进行测评，评价对象可能会涉及几个或更多的区域，各区域在了解了相应的学业评价数据后，会从整体上寻找薄弱点，分析重点问题，对区域内教学问题进行调整，或对相应的学校进行进一步指导。

评价主管部门在综合分析之后，会对涉及的评价区域进行调整，对于优势区域一般会鼓励分享经验，对于薄弱区域一般会进行指导或督促改进。

综合来看，语文学业评价在整个语文教学中既是前一段教学的反馈，其结果将成为下一阶段教学的起点，又是从教师、学生等个人调整到区域一体化调整的重要方向。因此，语文学业评价的作用至关重要，我们在教学中千万不能忽视，应该充分发挥评价的各项作用。

第二节　新时期语文命题的变化分析

直至目前，学业评价是课改和教改最薄弱的环节，课改和教改需要新的评价制度指引，为此评价改革从未停止。1999年，中共中央、国务院印发《关于深化教育改革全面推进素质教育的决定》，提出建立符合素质教育要求的对学校、教师和学生的评价机制。2001年《国务院关于基础教育改革与发展的决定》提到，改革考试内容和方法，小学成绩评定应实行等级制；中学部分学科实行开卷考试，重视实验操作能力考查。

任何一种教育模式或课程体系的建立和推行，最终是以评价方式的变革来体现。随着学业评价政策的不断出台到如今的"双减"，小学语文学业评价标准随之发生变化。评价目标强调由重视甄别与选拔，转变为重视促进学生的发展；强调评价主体多元互动、评价内容全面多元、评价过程动态；强调重视反馈调节、展示激励、反思总结、记录成长、积极导向等评价功能，尤其强调评价的反馈调节功能；强调形成性评价和终结性评价都是必要的，但应加强形成性评价；强调将定性评价和定量评价相结合，应更重视定性评价。

考试作为相对成熟、相对客观的一种评价方式，势必在较长的时间内存在并真实地体现着这种变革。新一轮课程改革以来，在新理念的引领下，小学语文命题发生着重大变化，研究这些变化，将有助于我们进一步认识语文课程改革的方向，更好地发挥试卷命题的评价导向功能，改进语文教学。

一、命题价值取向的变化

（一）从"知识立意"转向"能力立意"

在新一轮课改中，语文教育不再特别强调注重对知识的博闻强识，而更注重培养学生对知识的获取和运用能力。试卷命题的价值取向由过去的"知识立意"向"能力立意"转变。

【例1】补充诗句：日暮汉宫传蜡烛，_____。

试题模式化和简单化的倾向曾经十分严重，填空和默写几乎成了主要考查方式，如例1。这种单纯的呈现模式导致教师和学生的眼睛只能死盯着那些显性的知识，学生只会死记硬背。只能记忆不会理解运用的语言是消极的语言，既能记忆又能理解运用的语言才是积极的语言。

【例2】《寒食》一诗中哪两句描写当时的景象？

语文课程标准告诉我们："语文是一门实践性很强的课程。"要让学生"在大量的语言实践中掌握运用语言的规律""应着重培养学生的语文实践能力，不刻意追求语文知识的系统和完整"，如例2。变知识本位为能力本位，成为语文课程改革的重要取向。

（二）从"侧重单维"走向"兼顾三维"

新课程改革倡导全面育人，对不同阶段的学生在知识与能力、过程与方法、情感态度与价值观等方面提出了基本要求，强调课程要促进每个学生身心健康发展、培养良好的品行和终身学习的愿望与能力，正确处理知识、能力、情感态度与价值观之间的关系，克服过分注重知识传授和技能训练的倾向。基于这一理念，试卷命题逐渐由"单维考查"向"三维兼顾"转变，表现在考试设计中就是大胆创新，尽可能用新题型和新方法考查学生的知识应用能力，评价学生的思考方法。

1.注重过程与方法的评价

【例3】裸：衣+果→裸→赤裸裸。

（   ）：___+___→_____→_____

此题不仅考查学生对字词的识记程度，更考查学生识记的过程、方法和运用，鼓励学生习得方法，自能识字。

2.注重情感态度与价值观的渗透

【例4】学习完《鲁滨逊漂流记》这一课后，鲁滨逊有哪些品质值得你学习？

学生在答题过程中，一方面温习鲁滨逊的人物形象，另一方面加以运用，将书本知识运用于生活，这就是语言欣赏、情感熏陶的过程。"以学生的发展为本，培养学生的创新精神和实践能力"是现代教育评价的价值取向，命题要体现"关注学生，关注发展"的课程理念，全面考查学生的语文素养。

二、命题内容的变化

在价值取向的引领下，新课程语文试卷的命题内容随之焕然一新。

（一）从单一走向融合

语文能力的发展是综合地、整体地向前推进，而不是建立在某个知识点的基础上。因此，语文教学应加强知识点、能力的联系和整合。

【例5】根据季节的特点，完成句子。

妈妈的爱是谆谆教诲，让我_____。

爸爸的爱是_____，让我_____。

_____，_____。

此题具有较强的综合性，一是学生要善于感受，感受父母之爱的不同点；二是要观察，大致了解句子的结构特点；三是能用简洁的语言艺术地表达爱。

命题不仅是融合学科知识点，语文课程应植根于现实，应拓宽语文学习和运用的领域，注重跨学科学习。命题不能只涉及本学科课程内容，更要加强各学科的横向联系，使学生在不同内容、方法的相互渗透和整合中开阔视野，提高学习效率。

【例6】读古诗《咏柳》时，你想到了一幅怎样的画卷？

随着年级的升高，单项题比例逐渐减少，综合题比例逐渐增大，从单一走向融合，试卷命题应努力通过整合，全面、综合地考查学生的语文综合能力，有效地促进学生语文素养的全面提高。

（二）从封闭走向开放

语文课程标准指出："在发展语言的同时，发展思维能力，激发想象力和创造潜能。"命题时，依托文本，挖掘文本的空白点、延伸点、拓展点，促进学生与文本深入对话，从而达到理解和感悟、思维和表达、阅读和想象的和谐互动，达到工具性和人文性的统一。

1.向文本空白处开放

【例7】廉颇上门负荆请罪时，他和蔺相如会进行怎样的对话，请展开合理的想象，并写下来。

试题依托文本，适度挖掘文本的空白点、延伸点、拓展点，引导学生与文本对话，展开合理想象。

2.向课外阅读开放

【例8】"刚翻过了几座山，又越过了几条河……"是根据古代长篇小说《_____》改编的电视剧主题歌歌词。小说中除师徒四人外，还有_____、_____、_____让你印象深刻。

很长时间，教材被理解为权威性、规范性和唯一性的教学内容。课改以来，我们才认识到教材是教学的主要资源，但不是唯一的资源。试题要精心设计语言实践的情境，激活学生脑海中的知识储备，引导学生将自己积累的好词佳句、人生感悟、表达方法调动于具体的情境中。因此，试题编制要刺激学生广泛阅读，主动吸纳，积极内化，结合平时的阅读积累，灵活运用，增强学生的语言运用和表达能力。

3.向时代、世界开放

【例9】请你以"世界环境保护日"为题，写一条宣传标语。

语文教师应增强学生在各种场合学语文、用语文的意识，多方面提高学生的语文能力。语文教学要适时捕捉身边的语文教育教学资源，引导学生关注社会，感悟生活。命题时，命题素材应向生活开放，接轨学生的现实生活世界，使语文命题焕发出生活和时代气息。

三、命题形式的变化

传统语文命题形式单一，试题的表述呆板乏味，缺乏生机和活力，测试时学生思维的广度、深度不够，答案呈现的局限性较大。依据以人为本的理念，语文新课程在命题内容发生改变的同时，形式也发生了变化。

（一）体现人文关怀

设计卷首语：同学们，你们准备好了吗？要仔细读题哦！

温馨提示：①认真书写，保持卷面整洁。②答卷时不要使用修正液等修改工具。相信你一定能行！

改变试题的呈现方式。试题结构呈版块式，如"小试牛刀""展示平台""阅读园地"等。

（二）尊重个性表达

【例10】在小学阶段的学习中，你认识了不少人物，请选择你最喜欢的人物写下来，并用一句话赞美他。

学生的语文学习活动是一个主动且富有个性的过程，考试时不能视学生为被动检测的对象，命题要给学生一定的自由度和自主性，为学生提供一个激活灵性、张扬个性的平台。命题时，变以往命题答案唯一的封闭性客观题为答案丰富多彩的开放性主观题，让学生根据自己的知识积累和理解感悟进行多元解答，从而赋予命题以个性化色彩。

小学语文命题的改革是课改理念的集中体现，它不仅促进了学生学法的改革，更促进了教法的改革。随着新课程改革的不断深入，小学语文试题命题正向着有利于素质教育、有利于创新意识和实践能力培养、有利于教学相长的方向发展。

第三节　当前语文教育对评价命题的新呼唤

任何时期，评价命题都是在为时代需求服务，新时期教学形势发生了较大变化，语文教育上的变化更是革命性的。伴随着"双减"政策的出台，《教育部办公厅关于加强义务教育学校考试管理的通知》中明确要求小学一、二年级不进行纸笔考试，义务教育其他年级由学校每学期组织一次期末考试；校和班级不得组织周考、月考、单元考试等其他各类考试，也不得以测试、测验、限时练习、学情调研等各种名义变相组织考试。在上述背景下，一方面，我们应该为学生感到高兴；另一方面，我们要警惕起来，保证语文教学质量的稳定。对小学语文学科来说，应在课堂内外采用多种方式，从"听、说、读、写、思"等方面全方位地对学生进行评价。当前语文教育已经对评价命题发出了新的呼唤。

一、灵活注重过程性评价

各级教育主管单位和学校、语文教师等要更加注重在学习过程中利用评价命题对学生进行及时乃至实时的评价。教师在平时教学过程中对学生的学习兴趣、态度、习惯等进行长期持续的观察、评价，采用具有激励性的评价方式，如采用"积分制"设立学生"学分银行"，将学生在课堂上读书、写字、说话、发言等计入学生的平时学习表现。期中时，采用"学生展示"的形式对学生学习质量、学习水平进行评价，如开展"我是小小播音员""我是小小书法家""我是故事大王""我是小小表演家"等活动，让学生选择一至两项进行展示，将测试改为学生学业展示，为学生提供表演舞台，进行听、说、读、写等全面考查评价。通过这些过程性评价，及时肯定学生成绩，发现问题，促进学生反思改进，以实现学生兴趣和习惯的培养目标。日常过程性评价的内容，教师需要规范统计，以便为最终的形成性评价提供合理依据。

二、个性化实施形成性评价

期末终结性评价时，不能再追求"一刀切"地使用纸质试题，可以根据学校特色、学生学情，变"纸笔测试"为"非纸笔测试"，创设多样的评价形式，如"闯关游戏""游园活动"等，强化考核落实、逐级进阶，让学生在游戏、活动中展示自身的语言文字能力，体验成功的喜悦；对暂时落后的学生还可提供再次闯关或进阶机会，让学生始终处在一种愉悦、轻松的氛围中，不再惧怕考试。当然，小学不同学段的笔试和活动测试的比重可以进行一定比例的调整，可以根据考试目的不同，采用所需要的多样或单一命题形式。

三、评价体系走向综合化

每位学生都是不同的个体，因此，在语文学习的过程中为了更好地掌握每一位学生的成长过程，发挥学业评价对学生重要的导向作用，必须形成完善的综合评价体系。评价内容应包含学生学习的各个方面，如识字、写字、阅读训练、写作训练、口语交际等。这套评价体系使每个学生都能感受自己的成长过程，发现自己的进步，从而激励学生增强学习的信心，提高学生学习的兴趣。评价命题必须放弃将"学生考倒"这一观念，而是多方面诊断，既找不足，也找亮点，既给学生诊断问题，也帮学生寻找自信。只有这样的命题评价体系才能让学生感受到学习的乐趣，才能激发学生语文学习的主动性，最终促进学生语文学科素养的全面发展。

四、融合性的指标评价

素质教育以提高国民素质为根本宗旨，以培养创新精神和实践能力为重点，是面向全体学生的教育，是促进学生全面发展的教育，是促进学生个性发展的教育。新时代的教育要求学生全面发展，多层次发展。"双减"工作的实质是全面发展素质教育，既满足学生个性化发展需求，又促进学生全面健康成长。"五育融合"的教育理念正反映了对"双减"政策的有力贯彻和全面支撑。以评价为载体，在遵循学生知识逻辑与心理逻辑相统一的前提下，运用融合观的策略和方法，将五育要素全面有机地融合建构于语文评价体系中，力求在设计实施上体现"学用结合、课内外结合、学科间融合"的原则。

五、评价的指向更加精准

"双减"工作着眼于强化学校教育主阵地作用，而课堂是学校教育的主阵地。指向课堂，以评促学促教，让作业的内涵与"教—学—评"协同一致，是推动教学目标落地、提升课堂教学质量的有力保障。因此，小学语文教师应坚持以评价为目标导向，坚持评价与教学活动相匹配的原则，从形式、内容及质量上精准设计基础性语言技能类作业和发展性综合语言作业，并采取书面、视听及实践类等丰富多样的作业形式，以少而精的要求体现作业的有效性和趣味性。

六、"教学评一体化"评价设计

语文教学的整体性正在凸显，教师的教学活动、学生的学习活动、命题评价三方面的联系更加紧密，评价命题需要更加切合"教学评一体化"这一理念。命题的设计要为教师的课堂教学服务，要具有巩固教学、诊断问题的作用。同时，命题还需要为学生的学习活动服务，不仅让学生提升学习效率，也要帮助学生诊断问题，找准努力方向。切合"教学评一体化"这一目标之后，命题不再是呆板的题目，不再是学生的负担，也不再是教师批改作业的压力，命题变成了教学灵动的润滑剂，推动教与学并肩前进，共同提升。

总之，面对新时期语文教学的时代特征，以及"双减"政策的落实，需要因校制宜、因材施教，研究命题评价的形式内容，让评价更符合学生的特点和学科性质，不折不扣落实课程目标，全面提升学生语文素养，为学生的持续学习、全面发展打下扎实的基础。

第二章　学业评价命题的基本要求

第一节　据标扣本，体现教、学、评三位一体

没有成绩，过不了今天；只有成绩，过不了明天，更赢不了未来的人生大考。因此，从学生终身发展的角度出发，语文课程评价立足语文综合素养，在教学、学习、评价三个环节都要"以生为本"，体现思想为重、能力为先、知识为本的教学原则，充分发挥评价的导向作用。

一、研读课标评价建议，正确把握命题方向

《义务教育语文课程标准（2022年版）》（以下简称《课标》）较之前的实验稿，最鲜明的特点就是"强调充分发挥语文课程评价的多种功能"，评价的目的不仅是考查学生学习目标的达成度，更是为了检验和反馈教师教学和学生学习的过程和效果。语文评价应更加看重激励、诊断、反馈的功能，通过课堂教学、作业练习和阶段性学业评价等方式，全过程检验教师在教学设计、教学方法和实施过程等方面的有效性，检测学生的学习状态和学习结果。

《课标》阐释评价建议时，还针对各学段、各任务群学习提出具体评价建议，如"文学阅读与创意表达"任务群的评价要求：第一学段关注阅读兴趣，通过朗读和想象等，侧重考查学生对作品情境、节奏和韵味的大体感受；第二学段在阅读全文的基础上，侧重考查学生对重要段落和语句的理解，以及对作品的语言和形象的具体感受；第三、四学段重点考查学生对语言、形象、情感、主题的领悟程度和体验，评价学生文学作品的欣

赏水平，关注研讨、交流以及创意、表达能力。

对"语言文字积累与梳理"任务群的评价要求：第一学段要先认先写《识字写字教学基本字表》中的字，掌握写字基本技能，正确规范书写汉字。阅读中注重积累、梳理、运用相结合；对词汇、语法、修辞等知识，要结合语境学会使用，避免围绕概念、脱离实际的机械训练。

研读课标，让我们在制作试卷时，能正确把握各学段教、学、评内容的重点和范围，做到"评"为"教"用，"教"为"学"用，教学评三者一体化。

《课标》将"评价"作为一个独立的章节编写，从"充分发挥语文评价的多种功能""恰当运用多种评价方式""注重评价主体的多元与互动""突出语文课程评价的整体性和综合性""具体建议"几个方面进行分节阐述。这不仅说明了语文教学中评价的重要性，更对评价提出了明确的要求。

（1）夯实语文基础知识，守住语文的"根"。包括字词的识记、句式修辞的应用、词句的积累。

（2）注重语文能力发展，凸显语文素养。包括拼读、书写、检索、理解、品析、语料运用、表达技术。

（3）课内课外兼顾，体现语文综合性、实践性。《课标》指出，语文课程评价要体现语文课程目标的整体性和综合性，全面考查学生的语文素养。应注意识字与写字、阅读、写作、口语交际和综合性学习五个方面的有机联系，注意知识与能力、过程与方法、情感态度与价值观的交融、整合，避免只从知识、技能方面进行评价。着眼于学科素养，致力于立德树人，促进学生可持续、科学健康地发展。

二、分析教材，找准单元重点

（1）每册教材各单元语文要素。单元"语文要素"是试卷内容的显性参考，也是内容设计最重要的依据。教育部组织编写（以下简称部编版）小学语文教材三至六年级共62个单元，涉及67条语文要素，可归为10个类别。在设计试卷内容时，一定要紧扣本学期教材单元的语文要素，兼顾基础知识和语文积累。

（2）各单元精读课文的主要内容和人文主题。

（3）课后练习涉及的语用训练。

（4）语文园地中出现的训练内容。

（5）识字、写字表中的生字。

三、设计版块，培养学习能力

（1）根据语文学习要求，将语文知识、语文能力、语文积累融为一体。如认读、判断、综合、归纳、表达等，整合为"基础知识""积累与运用""阅读理解""习作与表达"四个版块。

（2）根据不同年级规划各版块的题量和分值。

四、试卷目标，考虑因素全面

（1）知识覆盖面。一般与课标中学科内容的分布和结构保持一致，避免遗漏或不均衡。兼顾课内课外，关注语文实用能力的考查，避免考死知识，避免内容重复。

（2）知识能力的关联性。根据考查目标，将相近知识点、能力点集中安排在一起，有利于学生调动思维和知识储备。

（3）难易梯度。按照先易后难、先简后繁、先课内后课外的原则，设计考查内容。

（4）考查目的。每一小题都有清晰的考查目的，且不能重合。

五、试卷题型，设计要求明确

（一）多样化，简约化

试卷题型要体现学科特点，涵盖主观/客观、书写、选择、判断、连线、构图、论述等，利于学生答题和思考、教师批阅、信息化操作。

【例1】用"√"选择正确的答案。

（1）初闻涕泪满衣裳（shang cháng） （2）威吓（hè xià）

（3）孔君平诣（yì）其父（造诣 拜访） （4）（扭 纽）扣

例题考查点覆盖了选择正确读音、辨析字形、理解字意，简约而不简单。

（二）生活化，学科化

生活化：关注语文生活和语言情境，在实践中理解运用相关知识；生活化应关注年龄、时事、地域等因素。

学科化：关注语言描述色彩、学科术语（包括教学术语）等。

【例2】下面是普通家庭用水量分布图，请你仔细阅读，完成练习。

（单位：千克）

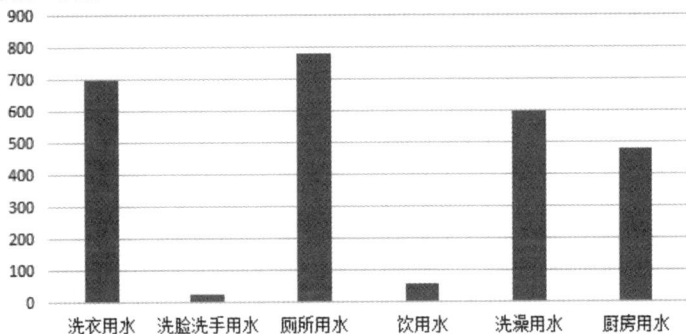

（1）普通家庭中用水最多的是_____用水和_____用水；用水最少的是_____用水和_____用水。

（2）请你介绍一个节水小窍门。

_____

（3）节约用水关系到我们每一个人，请你拟写一条用水的公益广告。

_____

例题考查了能认真阅读图表，联系生活，从非连续性文本中提取信息并学会表达、运用。

（三）语言简洁，指令明确

试题题干中，涉及引导性语言应避免冗长；指令性语言要清晰，尽量不用双重否定句，以正向思维为宜。

【例3】下列说法错误的一项是（　　　）

A.《威尼斯小艇》和《牧场之国》都写出了景物的动态美和静态美

B.《闻官军收河南河北》是唐代诗人杜甫所写的一首七言律诗

C.《月是故乡明》一文，作者以"月"为线索，回忆了在童年时代的生活，抒发了离乡后的思念之情

D.《水浒传》刻画了一个又一个鲜活的人物形象，有武松、诸葛亮、宋江、林冲……

例题的题干语言简洁，指令明确，考查了学生对文本的理解。

（四）以生为本，合理规划

试题呈现形式应符合学生平时习惯，时间空间的设计要考虑学生实际能力；尽量简化书写等。

第二节　关注发展，促进知识、能力、思维相互融合

学生的发展需要目标，需要引领，更需要激励。发展性评价根据学生的具体情况，判断学生存在的优势和不足，在此基础上提出具体的、有针对性的改进建议。在练习过程中联想想象、比较分析、归纳判断，促进知识、能力、思维相互融合。

一、语文教学的主要任务

语文姓"语"，语文教学的主要任务是教学生理解语言、运用语言，并且养成学习语文的良好习惯。具体地说，语文教学的主要任务就是教学

生学习识字与写字，教学生学习阅读与鉴赏，教学生学习交流与表达，教学生学会学习语文。学生通过语文课程的学习，认识并会写足够的汉字，自己会阅读会鉴赏，自己会写作会交流，能够基本适应社会对语文的需要，能够在离开学校、老师之后，根据需要自己继续学习，这就是真正彻底地完成了语文教学的核心任务。

明确了语文教学的核心任务，就不会在教学过程中舍本逐末；明白了语文教学的核心任务，就不会在教学过程中贴标签、图热闹。我们的语文教学就会紧紧围绕核心目标任务去设计教学、实施教学，使语文真正姓"语"，使语文教学真正回归语文的本质！

二、语文课程的基本性质

语言文字是人类社会最重要的交际工具和信息载体，是人类文化的重要组成部分。语言文字的运用，包括生活、工作和学习中的听说读写活动以及文学活动，存在于人类社会的各个领域。

语文课程是一门学习国家通用语言文字运用的综合性、实践性课程，工具性与人文性的统一，是语文课程的基本特点。语文课程应引导学生热爱国家通用语言文字，在真实的语言运用情境中，通过积极的语言实践，积累语言经验，体会语言文字的特点和运用规律，培养语言文字运用能力；同时，发展思维能力，提升思维品质，形成自觉的审美意识，培养高雅的审美情趣，积淀丰厚的文化底蕴，继承和弘扬中华优秀传统文化、革命文化、社会主义先进文化，增强对习近平新时代中国特色社会主义思想的理解和认识，全面提升核心素养。

语文课程致力于全体学生核心素养的形成与发展，为学生学好其他课程打下基础；为学生形成正确的世界观、人生观、价值观，形成良好个性和健全人格打下基础；为培养学生求真创新的精神、实践能力和合作交流能力，促进德智体美劳全面发展及学生的终身发展打下基础。语文课程在推广普及国家通用语言文字、增强凝聚力、铸牢中华民族共同体意识，建立文化自信、培育时代新人，实现中华民族伟大复兴等方面具有不可替代的优势。语文课程的多重功能和奠基作用，决定了其在九年义务教育中的重要地位。

三、语文与审美情趣、跨学科学习

第斯多惠说，教学的艺术不在于传授的本领，而在于激励、唤醒、鼓舞。卢梭在《爱弥儿》一书中指出，教学的艺术是使学生喜欢你所教的东西，教他以研究学习的方法。叶圣陶先生一贯主张教是为了不教，其目的在于使学生会学、善学、乐学。学习兴趣是推动学习的一种高效催化剂，当学习者对某事物产生了浓厚的兴趣，就会自发产生强大的内部推动力，从而自觉地学习，如饥似渴地去探求。同样，考试试题也应当具有一定的趣味性，以增强学生做题的兴趣。

出题者要考虑到学生的认知规律和心理特点，突出语文试题的趣味性。趣味性的题目使学生感到语文学习的快乐，能激发学生探究的兴趣，激活学生的思维。生字的学习应当是低年级的教学重点，低中年级的题目更应当在"趣"上下功夫。命题者可以通过新鲜有趣、形象化的题目，利用汉字的结构、字音等，让学生在做题的过程中有所发现，提升做题的乐趣，减轻考试的压力。

【例4】（　　）丝不苟 +（　　）霄云外 =（　　）万火急

（　　）花八门 -（　　）面三刀 =（　　）令五申

例题是利用加减法写成语，此类题目活泼自由，饶有趣味，营造了和谐的考试氛围。

四、思维能力是语文素养核心

《课标》指出，思维能力是指学生在语文学习过程中的联想想象、分析比较、归纳判断等认知表现，主要包括直觉思维、形象思维、逻辑思维、辩证思维和创造思维。思维具有一定的敏捷性、灵活性、深刻性、独创性、批判性。学生要有好奇心、求知欲，崇尚真知，勇于探索创新，养成积极思考的习惯。因此，可以在命题的时候倡导创意表达。

近几年来，作文考试改革的力度比较大，很多地区都在不断地探索作文命题的方法，开放性题目变多，怎么回答取决于学生对题目的理解，内容只要有道理，符合题意即可。以漫画作文为例：

漫画材料作文："差一点就挖到钻石"和"这下面没有水，再到别处去挖"写作指导与参考立意，阅读下面的材料，根据要求写作。

图2-1   图2-2

【注】图2-1右侧颗粒状物体为钻石。

请整体把握漫画的内容和寓意写一篇文章，反映你的认识与评价、鉴别与取舍，体现新时代小学生的思考。

要求：选好角度，确定立意，明确文体，自拟标题；不要套作；不得泄露个人信息；不少于450字。

【写作指导】漫画寓意：可能你努力的方向很正确，而且你比别人行动得早，付出的努力够多，但是，最后你却放弃了，而后来的人仍在努力；不是你的选择错误，而是你没有坚持到底，可能有时候，咬咬牙，柳暗花明就在眼前。

【参考立意】（1）坚持下来就会成功；

（2）坚持会让平凡变得伟大；

（3）失败者往往是最后未能坚持而与成功失之交臂。

《课标》提倡张扬学生的个性，提倡学生根据自己的理解，从不同的角度回答问题。不去追求唯一的答案，是发挥学生主体作用的标志。如天鹅湖公园的花坛里有一块牌子，上面写着："禁止摘花！"大家看了很不舒服，你能把牌子上的警示语换一下，使大家乐意接受吗？

此题具有挑战性，学生求知欲望强，勇于探索创新，命制这样主观题，有利于培养学生积极思考的习惯。

第三节　把握要求，整体设计试卷框架

一、试卷题量

关于小学语文学科考试的时间，各地区的安排有所不同，但一般都是90分钟，一张试卷题量的安排要科学、合理，以便于学生更好地答题。原则上，一张试卷的题量应控制为16～20题，而且每道题目里面（阅读理解试题除外），一般不超过3个小题，但这样的题目不能太多，两三题即可。不同年级阅读理解部分的题量也是不同的，一般中年级不超过4道题目，高年级不超过5道题目。

二、试卷形式

一张好的试卷，除了试卷的题量适中，内容符合学生的特点，反映新课改的理念之外，在具体的形式上同样有所要求，试卷的字体、字号、间距等都应合理安排，符合学生年级的特点。

（一）字号

不同的年级，试题的字号有所不同，见表2-1。

表2-1　不同年级试题字号

年级	三、四年级	五年级	六年级
字号	四号字	四号字/小四号	小四号/五号字

【注】一、二年级没有书面检测。

（二）字体

测评卷的总标题和题目的题干一般使用黑体字，便于和题目分开，防止学生混淆；试题的内容用宋体字；阅读理解的内容宜用楷体字，其后的问题仍然采用宋体字，并且内容与问题之间有间距，使学生一目了然。

（三）间距

试卷的间距要合理，要留足行与行之间的空间。比如，要求写两个字的词，所给的括号或者是横线应该根据学生的年级给出不同的距离；"语文与生活"内容较为开放，答题字数有长有短，要预估学生可能写的字数，留足答题空间。

一般来说，中年级学生写的字比低年级学生写的要小点，高年级学生写的字又比中年级稍小点。因此，题目的行与行之间的间距，随着年级的升高，可以适当地缩小。试卷上留多少作文格是有讲究的，三年级不少于300字，四年级不少于350字。有些学生作文字数写得很多，把作文格写满了就写到下面，下面写满了又写到试卷的上面，看上去试卷不整洁，考虑到这一点，考试的作文格要多留一点，见表2-2。

表2-2　作文的格子数和大小

年级	三年级	四年级	五年级	六年级
格子数	400格	450格	500格	600格
宽度	0.9厘米	0.9厘米	0.8厘米	0.8厘米

以上都是概数，可以根据试卷的内容和学生的情况，略做调整。一般来说，最好使用方格。

（四）空格

每张试卷都有空格，这些空格是用来答题的，要求做到：根据所回答内容的多少来确定空格大小，空格不能太多也不能太少，空格一般放在句子中间或后面，如果放在开头，以不影响对题目的理解为原则。例如：

如果我是一棵小草，就要为大地增添绿色。（照样子，写句子）

如果我是＿＿＿＿＿＿＿＿＿＿＿＿，就要＿＿＿＿＿＿＿＿＿＿＿＿。

例题要求填写的内容，学生一看便知道怎么作答。

（五）关键字词

每道题的空格处应是填有测试意义的关键词语，或是问题的重要内容或字眼。例如：

在我们成长的过程中，遇到过许许多多的"第一次"，比如：第一次做饭，第一次主持班会，第一次获奖，第一次做科学实验……这么多的"第一次"，哪个是你最难忘的呢？请你以"第一次＿＿＿＿＿"为题把它写出来与大家分享。写的时候，要注意把题目补充完整，把事情的经过写清楚，写出自己的真实感受。不少于300字。

例题的要求很明显，要求学生写第一次"做饭、主持班会、获奖、做科学实验……"，一目了然，便于学生写作。

（六）方框

试卷的每个版块内容运用方框归类，学生注意力集中在同一类型试题中，便于思考答题。例如：

1.根据语境，写词语。

（1）即使已经 bēn fù（   ）工作岗位，我依然深深 juàn liàn（   ）着童年时光，那时候的我和小伙伴们一起捉 mà zha（   ）、采桑葚、看七星瓢虫，多欢乐啊！

（2）鲁肃知道都督 dù jì（   ）诸葛亮的才干，所以对诸葛亮的请求直接 zhào bàn（   ），diào dù（   ）了二十条 zhǎn xīn（   ）的船帮助诸葛亮。

2.下列选项中，加点字注音全部正确的一项是（   ）。

A.供（gōng）应　澄（chén）澈　　B.肋（lè）骨　绰（chāo）起

C.踉跄（qiàng）　　虬（qiòu）枝　　D.山坞（wù）　　霹雳（lì）

3.下列选项中，书写全部正确的一项是（　　　　）。

A.模拟　榜文　锻练　拐杖　　B.胖墩　揩书　褂子　筹措

C.碗碟　拔掉　水瓢　衷心　　D.拂晓　衔接　矜持　蓬松

4.下列词语的古今说法对应不正确的一项是（　　　　）。

A.客官——顾客　　　B.墨客——书法家

C.货郎——商贩　　　D.印信——公章

从例题不难看出，这个版块就是基础知识，学生作答时要细心一点，看清题干审好题，再按要求答题。

（七）赋分

语文考试的试题主要涉及拼音、字词、句子、阅读、语言表达和运用等方面。从整体上说，基础知识部分约占 50 分，阅读理解部分约占 20 分。阅读理解部分的题目，一部分是课内的，一部分是课外的。习作部分约占 30 分。有时根据测试的需要，可以适当调整。

具体落实到每一题的分值上，词语部分一般是一个空 0.5 分，阅读理解部分的问答题，一个空 2 ~ 3 分，其他内容一般是每个空 1 分。特别难的题目分值要小。

（八）卷首语

现在的语文试卷，建议要有卷首语，或是"友情提示""温馨提示"等。在"卷首语"中写一段话，符合学生的心理特点，由于学生的压力很大，这种体现人文关怀的语句，在一定程度上减轻了考试带来的压力，能够激励学生答题。例如：

同学们，当你打开试卷的时候，就开始了一次有益的探索。请带着你的智慧和认真，去收获成功吧。写完以后仔细检查，发现错的地方，及时改正过来。

再如，温馨提示中的注意事项：

1.答题前，请将学校、姓名、班级填写清楚；2.客观题答题，必须使用2B铅笔填涂，修改时用橡皮擦干净；3.主观题使用黑色签字笔书写；4.必须在题号所对应的答题区域内作答，超出答题区域书写无效；5.保持答卷清洁、完整。

这些人性化的提示，使学生感到温馨，这样的内容是在课程改革以后才出现的。

三、命题原则

学习语文的过程是一个复杂的、整合的过程，要指导学生将听、说、读、写等语文能力和字、词、句、篇等语文知识整合，并应用于语文实践。因此在命制试卷时，要注意以下几项原则。

（一）科学性原则

试题必须保证内容的正确性，不能出现知识性的错误，不能与所学的概念、原理、法则相悖。例如：

《水浒传》刻画了一个又一个鲜活的人物形象，有武松、诸葛亮、宋江、林冲……

诸葛亮是《三国演义》中人物，这是知识性错误，不能混淆作品中的人物，这主要是考查学生课外阅读知识的积累。

（二）明确性原则

题目语意清楚，简明扼要。避免使用孤僻字词，避免发生语言歧义。答案明确合理，不致引起争议。避免出现有争议的、似是而非的问题。如：给出一首古诗，要求简要赏析本诗的最后两句；请从内容和结构两方面赏析最后两句，给学生抓手。

（三）全面性原则

试题的形式和内容必须符合测试目的，全面反映测试的要求，以期圆满完成预定任务。试题既要覆盖面大，又要突出重点；既要重视考查基础，又要体现考查能力；既要突出本学科的主干知识和核心内容，又要有一定量的反映科技新成就、学校与社会、生活与环保等内容。试题在所测内容上具有代表性，力求做到各个部分的比例适当。

（四）整体性原则

命题应以测试目标为准绳，使整张试卷能够准确考查学生达标情况。不同的能力水平需要不同层次的试题来考查，应该从总体上分析试卷的考查功能，而不能要求每一道题都要达到同一功能的指标。内容安排和整体功能有充分的考虑，试题布局遵循由浅入深的原则，起点低、落点高，有一定梯度。

（五）独立性原则

试卷各道试题必须彼此独立，不可相互牵连；一道题中的多问之间尽量是并列关系而不是递进关系。在一个题目中考查的内容，其他题目不应重复考查。题目之间不可相互暗示，一道题目要求解决的问题，如果在另一个题目原文中提供了线索，将影响测试效果。

如在"积累与运用"版块中，有这样一道填空题："学完了第5课《琥珀》一文，我们知道了，几万年前，_____和_____被老松树滴下的松脂包在里面，形成琥珀。"那么在"阅读理解"中，课文阅读不要再节选《琥珀》了，因为在短文里肯定会出现答案：苍蝇和蜘蛛。

（六）合理性原则

在编制试题的同时，应当合理制定评分标准，力求使评分简便、准确，有效排除无关因素干扰，在分值分配、赋分标准方面力求科学合理。对主观性试题要分步定分，对客观性试题中的多项选择题应慎重确定赋分标准。

（七）开放性原则

命题的开放性是保证学生主体能够独立完成的一个重要条件，而题目的开放性又主要体现在内容的开放性上。教师在编制试题的时候，一是要保证内容的丰富多样性，二是要保证内容的可选择性，三是要保证过程、空间、结果的开放性。

【例5】综合性学习。

【题干】孩子们，本学期我们开展了《轻叩诗歌大门》的综合性学习，让我们一起回忆一下吧！（自选4小题答题即可）

1. 当读到"毛茸茸的枝头，雪绣的花边潇洒，串串花穗齐绽，洁白的流苏如画"，你的脑海中仿佛出现了怎样的画面？请至少用两句话写一写，语句要通顺，标点要正确。

_____

_____

2. 班级举行诗歌朗诵会，假如小明选择《在天晴了的时候》进行朗读展示，你建议他用（　　）的语气语调来朗读。

A.缓慢低沉　　　B.紧张急促　　　C.舒缓愉快

3. 班级里的启智小组打算编小诗集，通过合作研讨，列出了以下思路，你觉得正确的顺序是（　　　）

①给小诗集取个好听的名字，制作封面和目录。

②想想编排哪些内容：可以是搜集的诗和自己写的诗。

③想想怎么编排：可以从诗人、内容、形式等角度给诗歌分类。

A.②—③—①　　　B.①—③—②　　　C.①—②—③

4. 绿水青山就是金山银山，学习了《绿》之后，相信你更加热爱这片绿，假如让你给课文《绿》配一幅插图，你觉得下面哪一幅图最恰当（　　　）

A B C

5.本次的综合性学习活动带领我们打开了诗歌的大门，通过学习，相信你一定喜爱上了诗歌，请写出两条喜爱的理由吧！

_____

_____

【答案】

1.本题没有固定答案，只要根据文字描述写出相关画面内容，做到语句通顺、标点正确即可。

2.C　　3.A　　4.B

5.本题答案不固定，写出合适的理由即可。以下答案仅供参考。

喜欢理由1：诗歌读起来朗朗上口，很有节奏感。

理由2：诗歌能表达诗人独特的感受。

【创新点】（1）答题要求新颖。5选4的要求打破了小学语文"绿评"以来每道题必答的传统，一定程度上消除了孩子们对"绿评"的抵触心理。这种创新性答题方式可以激发学生答题的积极性，提高正确率，利于他们体会成功的喜悦，更加喜爱学习。

（2）题目设置多样且角度多元。着重考查了学生语文综合运用能力、搜集与整理资料的能力、合作探究能力，还考查了学生对语言文字的感悟能力。

（3）培养学生的发散性思维。第1、5题没有固定答案，有利于发展学生的发散性思维。

（4）五育融合、学科整合的理念在这一题中得以体现。

【设计意图】（1）本试题注重发展学生思维。本题以教材为基，以学生为本，以"一切为了学生的发展"为出发点，让学生在综合实践活动中学习和运用语文。还选取了两道没有固定答案的题，利于学生个性化表述。

（2）本试题融入了美育。本试题与学生的学习、生活紧密联系，有色彩，有内涵，焕发出耀眼的生命力。第4小题不仅考查了学生对文本的理解与感悟，更融入了美育的理念。

（3）本试题融入了大语文观，从想象、朗读、写话等方面让学生懂得"生活即语文，语文即生活"。

（4）本试题融入了新型的人才观。第3小题的设置旨在教育孩子懂合作、会合作，思考好再行动才能把事情做好。

【能力提升】第1小题：学习诗歌离不开丰富的想象，此题着重考查孩子们的想象能力和表达能力，鼓励学生大胆地想象，丰富地表达。同时，培养了学生的审美能力，将语文的工具性和人文性体现出来。

第2小题：语文学习离不开听说读写，学生"读"的能力在"绿评"中如何考查，此题在这方面做了尝试。题目的形式让孩子们了解不同的诗歌内容要用不同的语气语调来表现。

第3小题：本题着重考查学生搜集资料、整理资料、小组合作的能力。未来社会需要的是懂创新、会合作、有担当的优秀人才，设置此题的目的就是培养"懂合作、能做事"的"红孩儿"。

第4小题：本题是选择题，不仅考查了学生对文本的理解，更渗透了环保意识，让孩子从小树立环保意识。

第5小题：本题考查的是诗歌的特点，以"语文园地四"中的"交流平台"为依托，培养孩子对诗歌的喜爱之情，对祖国语言文字的热爱之情。

（八）情境性原则

《课标》指出，增强课程实施的情境性和实践性，促进学习方式变革。义务教育语文课程实施从学生语文生活实际出发，创设丰富多样的学习情境，设计富有挑战性的学习任务，激发学生的好奇心、想象力、求知欲，促进学生自主、合作、探究学习；引导学生注重积累，勤于思考，乐于实践，勇于探索，养成良好的学习习惯；关注个体差异和不同的学习需求，鼓励自主阅读、自由表达；倡导少做题、多读书、好读书、读好书、读整本书，注重阅读引导，培养读书兴趣，提高读书品位；充分发挥现代信息技术的支持作用，拓展语文学习空间，提高语文学习能力。

【例6】写词语。

【题干】根据语境，读拼音写词语。

1.鲁肃知道都督 dù jì（□□）诸葛亮的才干，所以对诸葛亮的请求直接 zhào bàn（□□），diào dù（□□）了二十条 zhǎn xīn（□□）的船帮助诸葛亮。

2.伴着 gǔ diǎn（□□），龙舟赛的划手们一个个 yuè yuè yù shì（□□□□），一边整齐地 yāo he（□□），一边 miáozhǔn（□□）目标全力合作。那场面，别提多震撼了！

【答案】（1）妒忌　照办　调度　崭新；（2）鼓点　跃跃欲试　吆喝　瞄准

【设计意图】语文课程标准指出，小学高年级依然重视识字写字，硬笔书写楷书，行款整齐，力求美观，有一定的速度。设计此题，是为了通过在具体语境中看拼音写词语的方式，既考查学生认读和拼读的能力，又检测了学生对本册一至八单元重要生字词的掌握情况。

词语的运用是建立在正确理解词语含义的基础上，引导学生养成依据语境，抓住整个句子，由全体到局部把握词义的习惯。对那些稍显陌生的词，要注意联系日常生活，然后再细细揣摩其义，选择用词。

【能力提升】本题考查学生对五年级下学期语文教材一类生字的掌握情况，做到学以致用。通过语境写词语，是对常见又特别难记的字、容易出错的字，用创设语境的方法加以巩固练习，用词语串联文本故事或拓展的场景描写，温故知新，有助于学生更好地理解课文内容，体会人物特点。

第1题结合第二单元课文内容构设语境，抓住易错字词"炉忌""照办""调度"和"崭新"；第2题通过描写赛龙舟时划手们的动作及状态，抓住易错字词"鼓点""跃跃欲试""吆喝"和"瞄准"，让学生在语境中看拼音填写词语，目的是考查基础知识掌握情况。识字和写字是语文学习能力的基础，识字是写字的前提，写字是识字的运用。

（九）联系生活实际原则

小学语文学科的命题思路应顺应时代，与时俱进，全面落实"以生为本"的教学理念，激扬生命，全面贯彻新课程标准，真正使语文考试成为评价语文学习的有效手段，成为促进教学相长的良好载体。

【例7】【听力材料】

学校门口每逢上下学时出现道路拥堵，究其原因，从客观环境来说，一些学校门口的道路狭窄，通行能力不能满足上下学时段的车流量。有的家长接送孩子需要等候时间，但学校门口停车点有限，周边没有停车场，即使有停车场也供不应求，并没有多少车位可供家长们短时间停车。从主观因素来说，家长们出于安全考虑都会亲自接送孩子。尽管有的学校采取错峰放学等措施，接孩子的家长可以分时段等候在校门口。但事实上，很多家长仍然早早就到校门口，占好车位坐在车里等孩子放学。

因此，车辆多占空间造成了学校门口拥堵现象，其实与汽车接送相比，最好还是步行、骑车，或是乘坐公共交通工具更安全、更舒适。那么，上下学时段学校门口拥堵问题到底该如何解决呢？有专家指出，可以采取高低年级错开半小时放学；学校路口建人行天桥；解决校门口拥堵需多方配合，其中最好的措施是交警加大校门口交通管理力度。

【听力试题】先认真读题，再听两遍录音，完成以下练习。

1.学校门口每逢上下学时就拥堵，究其原因，下列说法不正确的一项是（　　　　）

A.学校门口的道路狭窄

B.学校旁边的停车场收费过高造成学校门口道路拥堵

C.家长接送孩子车辆多造成拥堵

2.为了缓解上下学时段学校门口拥堵的压力，下列哪一项效果最好?（　　）

A.错峰放学　　B.建人行天桥　　C.交通管理　　D.多方配合

3.从这段文字中，我们知道了上下学时，与汽车接送相比，最好的交通方式是：

_____

_____

【答案】1.B（2分）

解析：原文中"学校门口停车的地方有限，周边没有停车场，即使有停车场也供不应求，并没有多少车位可供家长们短时间停车"，并没有涉及B选项中的"停车场收费过高"。

2.C（2分）

解析：材料中最后一句话提及，"其中最好的措施是交警加大校门口交通管理力度。"

3.步行、骑车，或是乘坐公共交通工具更安全、更舒适。（2分）

解析：材料中提及"车辆多占空间造成了学校门口拥堵现象，其实与汽车接送相比，最好还是步行、骑车，或是乘坐公共交通工具更安全、更舒适。"

【设计意图】课程标准指出，语文是最重要的交际工具，是人类文化的重要组成部分，基本特点是工具性与人文性的统一，而强化听力训练是落实课程改革的重要体现。听的能力能够促进读写说三种能力的进步。此题设计意图如下：

（1）联系生活，适应学生的认知发展水平。所选材料符合学生的认知发展水平，与学生的背景知识和已有生活经验相符合。比如学校门口每逢上下学时就拥堵的现象，学生回家时感同身受，体会深刻。

（2）注意公平性，兼顾普遍性。因为不同地域、不同家庭状况的学生，虽然他们的背景知识不同，但一些共性的生活经验是一样的。因此，选择听力阅读材料时，注意阅读材料的公平性；既要照顾地区差异，又要注意公平性，人人皆可做此题。

（3）具有典范性，培养思维能力。阅读材料通俗易懂，富有生活气息，又引发人们的思考，对发现的问题寻找到解决的思路，从问题导向到目标引领，培养学生的创新思维。

（4）参考合肥市绿色评价修订的双向细目表。命题过程中，严格根据细目表，选择考查内容，确保考查内容与课标和教材相一致。

（5）答案立足原文，不拔高为难学生。学生从材料中去听答案，题目和答案非常匹配，答案全部从听力材料中来，而不是提出什么新的建议，靠学生去判断、思考。

【能力提升】第1题：本题考查学生在倾听文章时，能从文章的内容中迅速提取关键信息，并作出综合判断。义务教育语文课程标准中，小学语文高段教学有这样的描述：听人说话认真、耐心，能抓住要点，并能简要转述。通过专题学习等形式，沟通课堂内外，沟通听说读写，增加学习语文实践的机会。不难看出，语文是基础学科，听说读写中"听"排在首位，听其言明其意才能懂其理。

第2题：本题考查学生从语音材料中明白车辆多占空间造成了学校门口拥堵现象，其实与汽车接送相比，最好还是步行、骑车，或是乘坐公共交通工具更安全、更舒适。考查目的是抗干扰力，选择最佳答案。听、说、读、写是语文能力当中的四个方面，而这四个能力之间是相互促进、相互影响的。其中，听力主要由理解力、辨音力、意象思维力和抗干扰力几个方面构成。

第3题：本题考查学生联系生活，在已有生活经验中发现的问题，寻求解决问题的思路，也就是能够根据自己所听的内容快速找到话语中关键词句的能力。

（十）立足文本原则

《课标》指出："诵读优秀诗文，分主题梳理自己积累的成语典故、格言警句、对联等语言材料，并尝试运用到日常读写活动中，增强表达效果。"

【例8】

【题干】1.先把古诗补充完整，再将诗句和它所表达的思想感情，用线连起来。

童孙未解供耕织，_____。　　　慈母恩情

谁言寸草心，_____。　　　思乡怀亲

_____，每逢佳节倍思亲。　　　童真童趣

2.我们从"黄沙百战穿金甲，_____"中感受到战士们对祖国的赤胆忠心；从"_____，南望王师又一年"中体会到了诗人忧国忧民的情怀；从"剑外忽传收蓟北，_____"中看到诗人得知官军收复失地的消息后欣喜若狂的画面。

【能力提升】旨在通过语文实践活动，积累语言材料和语言经验，形成良好的语感，感受文化内涵，激发学习语文的兴趣。

（十一）拓展性原则

阅读简单的非连续性文本，能从图文等组合材料中找出有价值的信息。非连续性阅读文本主要是由文字、图和表格构成的。阅读非连续文本有三个步骤：标出信息、筛选信息和组合信息。

【例9】

【材料】记者从合肥市交警部门获悉，从4月份开始，交警部门将在全市范围内加强对非机动车骑乘人员佩戴头盔的劝导。但对于"不戴盔"的行为，将仍然以教育、劝导为主，通过设立学习教育点、观看警示教育视频、学习抄录交通安全法规、参加志愿劝导活动、朋友圈集赞等方式，积极推动电动自行车骑乘人员自觉佩戴头盔。

【题干】1.下列说法不正确的一项是（　　　）。

A.交警部门积极推动非机动车骑乘人员自觉佩戴头盔

B.合肥交警重点时段做好引导和疏导，同时加强交通安全宣传和教育

C.以教育规劝为主、处罚为辅，切实优化周边道路交通环境

2.下列图片中正确佩戴头盔一项是（　　　）。

　　　A　　　　　　B　　　　　　C

3.请你写一条骑行要戴头盔的宣传语。

_____

_____

【设计意图】教育家陶行知指出："生活即教育，教育来源于生活。"将安全意识培养融入语文学习中。本题通过文本材料引导学生了解社会热点问题，了解电动车"一人一盔"的重要性，同时有利于树立学生关心家事国事天下事的情怀，树立正确的价值观。该题选择了学生熟知的生活事例——电动车行车安全，指导学生关注生活，为语文学习与生活实际搭起一座桥梁，同时结合部编版语文四年级下册第一单元口语交际《转述》这个知识点，有效地将知识从课堂延伸至课外，拓宽了学生语文学习的空间，创造了学生语文实践的机会。另外，本题从学生角色入手，增强学生做题的主体意识，将语文学科特点和作业内容相链接，充分发挥题目的育人功能，帮助学生巩固知识，形成能力，培养习惯体现语文课程人文性与工具性的统一。

【能力提升】通过客观题，培养学生看图和信息整合能力，该题引导学生抓住关键信息，从而概括出正确答案。

第四节　问题诊断，引导教学改革与反思

2021年3月教育部等六部门颁发的《义务教育质量评价指南》指出："各地要不断完善义务教育质量评价结果运用的机制，充分发挥评价结果对提高义务教育质量的引领和促进作用。"坚持实事求是、客观公正，强化过程性评价和发展性评价，有效发挥引导、诊断、改进、激励功能，促进义务教育优质均衡发展。

评价是小学语文教育教学变革实践中的重要环节，它不仅对整个教学过程实施诊断监控，而且具有导向功能，是改进小学语文教学的重要依据和手段。作为一名语文教学工作者，应该以新课标精神为准绳，不断探索语文评价命题的新思路，寻找顺应课改趋势、引领课改方向、彰显课改特色的命题方式，让评价更好地引导教学改革。

一、语文课程评价的根本目的是促进学生学习、提升教师教学

语文课程评价应该是着眼于更全面地提高教育教学质量，通过评价对课程产生更大的调控作用，突出评价的诊断和发展功能，从而引导教学行为的改变。

《课标》指出，语文课程的评价目的不仅是为了考查学生达到学习目标的程度，更是为了检验和改进学生的语文学习和教师的教学，改善课程设计，完善教学过程，从而有效地促进学生的发展。因此学业评价的命题，根本目的是促进学生学习，改善教师教学，对于教学过程及教学研究均具有导向作用。命题应当以学生的发展为本，以促进学生主动地发展为目标，要尽量通过学业评价的命题考查学生综合素质，反推教学过程改进和教学研究的进程，从而引导教学改革与教师的教学反思。

二、发挥学业评价诊断功能

评价是对教学结果及其成因的分析过程，藉此可以了解教学各方面的

情况，从而判断它的成效和缺陷、矛盾和问题。从某种意义上说，教学评价起着"指挥棒"作用，是衡量教与学有效性的一个质量指标，通过持续的教学评价，可使教学活动的过程朝着特定的教学目标迈进。教学评价如同体格检查，是对教学现状进行一次严谨的科学诊断，以便为教学的决策或改进指明方向，从而影响教学变革的走向与改进。评价的结果必然是一种反馈信息，这种信息是给教师提供调整和改进教学的信息，使教师及时知道自己的教学情况；也可以检测学生知识、能力的掌握程度，给学生提供改进学习的信息，使学生得到学习成功和失败的体验，从而为师生调整教与学的行为提供客观依据，有利于使教学过程成为一个随时得到反馈调节的可控系统，使教学效果越来越接近预期的目标。

三、固本开源，不断探索评价新思路

《课标》指出，语言文字是人类社会最重要的交际工具和信息载体，是人类文化的重要组成部分。语言文字的运用，包括生活、工作和学习中的听说读写活动以及文学活动，存在于人类社会的各个领域。语文课程是一门学习国家通用语言文字运用的综合性、实践性课程。

在语文教学中，教师要重视培养学生的朗读能力。朗读有助于学生语言表达能力的发展。学生要掌握语言，必须重视朗读。宋代朱熹说，凡读书……须读得字字响亮，不可误一字，不可少一字，不可多一字，不可倒一字，不可奇强暗记，只要多诵数遍，自然上口，久远不忘。通过朗读课文，学生可以积累语言材料，掌握各种句式，学到连句成段、连段成篇的方法，从而提升作文能力。

朗读在语文教学中的重要性是显而易见的，它是帮助学生理解词句、段落、篇章情感的一个重要手段。朗读，能把书面语言转化为发音规范的有声语言；能帮助学生加深对文本的理解；能有效地培养学生对语言的感悟能力；还能使学生受到情感的熏陶。通过熟读、背诵，学生将书面语言内化为自己的语言，从而有效地提高理解、运用语言的能力。因此，在语文课堂教学中，重视并加强学生的朗读训练，是非常必要的。

　　我们坚持基础知识和基本技能的考查，吸收传统评价命题的优点，研究和吸收课改前沿地区经验，开拓创新，增加阅读考级的评价方式，比例占20%，由语文老师来赋分，多一些鼓励分，激励孩子的成长，而传统卷面占80%的比重，两者完美结合。考查目的是让学生动口读书、开口说话，读懂他人、表达自己。初步设想可以这样设置：

　　阅读考级，一至六年级每学年两级，共12级。考查内容可以分为三项：（1）背诵老师推荐的古诗词；（2）看学校推荐的书目，智慧分享；（3）写一写自己的收获。老师们组成打分团队，师生共同合作参与。这样让阅读成为一种习惯，唯阅读不可辜负，全民阅读落实在行动中。

第三章 学业评价命题的过程与方法

第一节 制定学业评价方案和考查目标

一、评价的目的和分类

2020年10月，中共中央、国务院印发了《深化新时代教育评价改革总体方案》，再一次明确提出，要加强教师教育评价能力建设，支持有条件的高校设立教育评价、教育测量等相关学科专业，培养教育评价专门人才。因此，提升教育评价能力是每位老师都应自主提升的能力。

评价指的是按照一定的标准，运用科学可行的方法，对教育进行价值判断的过程。它根据一定的评价目标和目的，按照预设的方式和要求，选择恰当的评价内容，对应评者进行考查。因目的不同，学业评价可以有不同的分类。

（一）形成性评价

形成性评价，指在教学进行的过程中，随时采用内容简短的考试，考查学生学习效果或是教师教学结果。形成性评价亦可称为过程性评价，平时教师经常进行的随堂检测、单元测试等都属于形成性评价。

形成性评价是既有课堂教学程序的一部分，学生应该有多种机会展示其学习成果，并改进而得以提高。因此在命制试卷的过程中，可以结合学生日常作业中的练习题、错题，把考试与日常学习相结合，让试题融入课程教学中。

（二）综合性评价

综合性评价，指的是教师教学若干单元后，对学生在语文知识、能力、技能等掌握情况的考查。综合性评价又称终结性评价，如期末考试、毕业考试。正如布卢姆所言，终结性评价的首要目标是给学生评定成绩，或为学生作证明，或者是评定教学方案的有效性。所以，综合性评价是让学生发现其学习上的薄弱点，有针对性地为下一阶段的学习做好准备。

综合性评价试卷编制要基于学科课程标准的内容、学生使用的教材和学生的学习、生活实际情况而定。在命题的过程中要严格按照课程标准的要求，试卷难度适中，考查内容灵活富有情境，既考查学生的基础性知识又考查语文运用能力，既能有效考出学生的真实水平又能暴露出学生日常学习中的问题。

（三）专项性评价

专项性评价的目的是发现被测对象潜在的才能，了解其特长和发展倾向，又称为调研性评价。专项性评价内容可以是写作、口语表达、阅读理解等内容，如作文大赛、书法作品比赛都属于专项性评价。

（四）无纸化测试

"双减"政策实施后，小学一、二年级的期末考试改为无纸化测试。无纸化测试，顾名思义，就是不进行卷面考试了，都改为口头测试。无纸化测试题目设置要有趣味性、综合性、情境性等特点，可以打破以语文、数学知识为唯一的评价标准，采用情景化游园的方式，关注每一个孩子的综合素养，学生们既有个人完成项目，也有小组合作完成项目，测试以一个主题为中心多元绽放，多个考核维度穿插交织、层层推进。

二、制定学业评价方案

一场测试从明确评价目标开始，到实施测评、评价反馈为止，有其命题目标体系和命题流程。评价命题流程如图3-1所示。

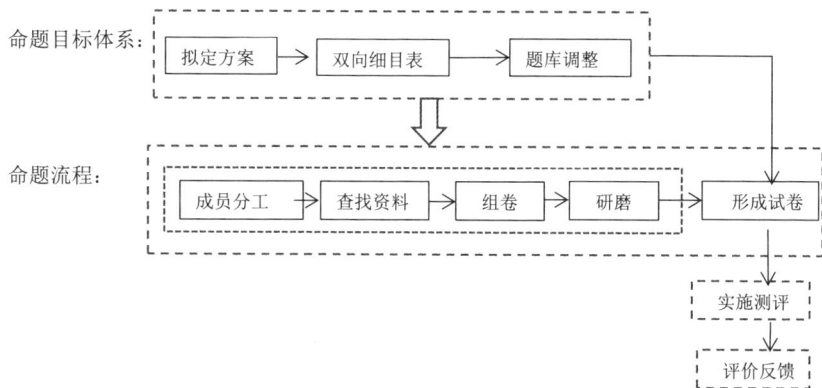

命题目标体系：

```
拟定方案 → 双向细目表 → 题库调整
```

命题流程：

```
成员分工 → 查找资料 → 组卷 → 研磨 → 形成试卷
                                        ↓
                                      实施测评
                                        ↓
                                      评价反馈
```

图3-1　小学语文能力发展评价命题流程

（一）确定学业评价目标

在编制命题前，首先要明确为什么测验，即要明确评价目标，只有明确了命题目标，我们才能知道考什么以及怎么命题，因此在命题之前要确定评价目标、拟定评价方案。评价目标是所编制的命题需要达到的预期结果和标准。

在制定命题目标时，应贯彻《课标》精神。《课标》明确指出：语文课程学业质量标准是以核心素养为主要维度，结合课程内容，对学生语文学业成就具体表现特征的整体刻画；命题要依据学段要求，按照日常生活、文学体验、跨学科学习三类语言文字运用情境，整合识字与写字、阅读与鉴赏、表达与交流等语文实践活动，体现一段时间结束时学生核心素养应达到的水平。目前按照小学语文的测试框架，重点在"识字写字""积累""阅读""表达"四个领域评价学生的语文能力和素养水平。根据命题发展的趋势，语文测试将向"基于生活情境，夯实识字写字基础""基于学科特点，深化传统经典积累""基于学生思维，转变阅读评价方式""基于教学现状，引导写作教学方向"四个方面转变。

在编制评价目标的同时，还应明确测试性质、测试对象：是形成性评价还是总结性评价，是无纸化评价还是专项性评价。评价性质不同，测试题目的难度水平及要求也会有所不同。明确评价性质是测试顺利实施的保证。

测试对象即被测对象，被测对象是中学生还是小学生，是小学一年级学生还是五年级学生，在命题准备阶段必须明确。命制试题时，还应考虑被测对象的年龄特征、知识背景等因素。

（二）拟定学业评价方案

评价方案是对测试内容、方式等工作的具体安排，类似于常见的各类考试的考试说明。方案包括评价目标、实施范围、内容框架、评价工具设计、实施过程、结果反馈与呈现和相关纪律要求等，是对整个评价工作全方位立体化的设计。

【样例1】

市区2020—2021学年度下学期部分年级学业评价工作方案

一、参测对象

全区所有小学（含九年一贯制学校小学部，下同）四、五年级学生。

二、测试内容

语文、数学、英语、科学4个学科。

三、测试安排

（一）考务工作内容、日程安排，见下表

考务工作安排表

序号	阶段工作	工作内容	完成时间	负责单位
1	信息上报与更新	现有实验学校： 各校按照***公司提供的系统操作说明，完成本校四、五年级全体教师、学生账号信息更新维护	6月3日	现有实验学校 ***公司
2		确定新参加学校： 上报参与测试的学校名单。其中乡村小学以乡镇中心校为单位提出参与测试活动的申请，经区教育主管部门批准	6月1日	学校教导处

续　表

序号	阶段工作	工作内容	完成时间	负责单位
3	信息上报与更新	新参加学校： 各校按照***公司提供的系统操作说明,完成本校四、五年级全体教师、学生账号信息上报;***公司完成信息录入	6月3日	新参加学校 ***公司
4		各实验学校： 完成学生信息、教师信息二次确认。确认后信息不再修改	6月7日	各实验学校 ***公司
5	考务工作	设定扫描点： 原则上,按照集中扫描的方式,对原有扫描点进行优化整合; 设定阅卷点： 根据阅卷工作需要,按学科集中设立阅卷点,并将阅卷点信息反馈***公司,便于提前进行相关准备和部署	6月14日	区教研室 ***公司
6		考务培训： 区教研室负责组织实施考务培训工作,***公司配合	6月7日	区教研室 ***公司
7	测试准备和实施	领取测试材料： 时间:6月23日上午8:00—10:30; 方式:印刷厂将测试材料统一送至测试材料发放点——区教研室接受并复核测试材料——各校安排人员到上述地点领取测试材料	6月23日	印刷厂 区教研室 各实验学校
8		组织四、五年级各相关学科进行学科测试： 按统一规定的时间和要求,组织实施学科测试	6月24—25日	区教研室 各实验学校
9	扫描阅卷	各校分别于6月24日下午和25日下午,将当天测试的答题卡送到指定扫描点,并由区教研室统一组织进行扫描,扫描工作于6月28日前完成; 区教研室统一组织各学科阅卷工作,阅卷工作于6月30日前完成	6月30日	区教研室 各实验学校 ***公司
10	发布学业成绩报告单	发布学生学业成绩报告单： 区阅卷工作结束后,发布全区学生学业成绩报告单	7月2日	区教研室 ***公司

续　表

序号	阶段工作	工作内容	完成时间	负责单位
11	发布学业成绩报告单	错误信息反馈： 7月5日前，各校反馈学生试卷阅卷错误信息，区教研室汇总后由***公司进行统一修正； 7月9日完成全部修正工作，并形成最终报告，供学校和家长下载	7月9日	各实验学校 区教研室 ***公司

（二）测试时间安排如下

本次测试活动时间为2021年6月24—25日。具体日程安排如下表：

测试时间		科目	备注
24日上午	8:30-10:00	语文	8:30-8:35为听力测试时间
	10:20-10:50	科学	
25日上午	8:30-9:50	数学	
	10:20-11:20	英语	10:20-10:35为听力测试时间

四、其他工作

（一）学业评价命题工作

1.区教研室组织命题组成员开展封闭性命题工作，5月25日之前试卷定稿。

2.组织命题组成员在域外学校抽样模拟考试，检测试卷各方面效度，设置评分标准等。

（二）考区和考点设置

1.按照区统一安排，共设有***学校等12个考点。考点考务工作由各教研片负责人具体安排。

2.非统测学校考务工作由各学校校长具体负责。

（三）考场设置和编排

1.本次测试考场设置和考生编排工作由教研片负责人组织实施。

2.各考点按照每一个考场30个座位设置，若剩余学生人数不足30人，则将余下学生再安排一个考场。考场要求安全、安静、通风及采光条件好。本次测试不设备用考场。

3.每个考场设监考教师2名，由参评学校协同安排；监考教师的安排应在不同年级交叉进行，各年级的任课教师不得担任本年级的监考员。

***区教体局

2021年2月24日

在"双减"政策背景下，无纸化测试成为学校常用的考查一、二年级学生学业水平的一种测量工具。这种学业评价方案的制定相对于市、区级大型综合性学业水平测试来说流程相对简单，但是设定方案时同样要考虑测验目标、对象，有具体的操作流程。

【样例2】

2022年合肥市**小学一、二年级无纸化测试评价方案

一、指导思想

为切实落实中共中央办公厅、国务院办公厅《关于进一步减轻义务教育阶段学生作业负担和校外培训负担的意见》，我校对一、二年级学生进行评价方式改革，以游戏为主的检测方式对学生的阶段性学习成果进行评价。

二、评价目标及意义

根据学科课程标准和教学内容，结合我校十周年庆典活动项目，倡导德智体美劳"五育并举"，发挥评价的诊断和激励功能，促进教学相长。

三、组织领导（略）

四、评价时间和地点

时间：2022年6月21日星期二上午8：20开始（一、二年级同时进行）；

地点：学校操场。

五、评价整体思路说明

1.一、二年级评价是以游戏为主的形式进行，将学生所学习的所有学科知识、技能融入游戏之中，孩子们在参与游戏活动中巩固知识、培育素养。

2.本次活动的主题是"我和我的学校"。所有的游戏活动围绕"我了

解我的学校""我热爱我的学校""我要为学校添光彩"三个小主题设置，目标指向检测学生的德智体美劳方面发展水平。

3.评价结果将记录在学生的素养报告单期末测评栏中。

六、评价活动具体安排，见下表

评价活动信息表

主题	项目名称	项目描述	考查内容	学科	物资准备	测试点负责人
我了解我的学校	我是文明小使者（一、二年级）	1.随机抽取卡片，说一说卡片上的内容是否属于文明现象，并说出理由；2.学生回答问答题	考查对文明礼仪行为的理解和应用	道德与法治	详见《文明礼仪》（自制）	一年级：吴**、家长义工；二年级：李**、家长义工
	校园知多少（一、二年级）	一年级学生根据拼音和已学汉字，能够快速、准确读出"合肥市**小学'三风一训'"；二年级学生根据图片和文字，读出图片背后的词语并说说图片上的校园景物	1.拼音，一类、二类生字认读情况；2.考查学生词语积累与运用	语文、科学、道德与法治	详见《校园知多少》（自制）	一年级：吴**、家长义工；二年级：李**、家长义工
	方向辨辨辨（二年级）	1.任意抽取2个题卡问题，学生辨认，谁在谁的哪一边；2.随机出示1个地名或路名，学生自行辨认方向，并将地名或路名粘贴在**小学平面图上相对应的位置	1.学生会使用东、南、西、北、东南、西南、东北、西北等八个方位词来描述学校内景物的相对关系；2.能根据题目要求，正确找到学校平面图上缺少的景物	数学	1.东、南、西、北、东南、西南、东北、西北等八个方位词卡、问答题卡（自制）；2.**小学平面图、地名路名卡（自制磁铁）	1.吴**、家长义工；2.陈*、家长义工2人
我热爱我的学校	校园我来说（一、二年级）	学生根据自己设计的美术作品说一说设计作品的初衷，以表达对学校的热爱	美术手工制作、色彩搭配；语言表达	美术、科学、语文	学生自制头饰	一年级：王**、过**；二年级：黄**、张**

续 表

主题	项目名称	项目描述	考查内容	学科	物资准备	测试点负责人
我热爱我的学校	歌声唱响校园（一、二年级）	1.学生根据卡片上的音乐符号，说出相关乐理；2.学生转动转盘，随机选择一首歌曲清唱	乐理和唱歌技巧	音乐	详见《歌声唱响校园》（双面卡片自制）	一年级：张**、家长义工 二年级：汪**、家长义工
我为学校添光彩	快乐点点点（一年级）	学生选择任一个闯关项目进行闯关答题。闯关项目分别为：巧猜字谜、玩转字词、标点运用、记忆超人、技能运用	考查学生语文识字、字词运用、课文背诵等语文综合能力	语文	详见《快乐点点点》（自制）	巧猜字谜：段伟 玩转字词：家长义工； 标点运用：家长义工； 记忆超人：李** 技能运用：盛**
	我为插图配首诗（二年级）	学生选择任意一幅图，用已学诗歌为其配诗	考查学生古诗背诵和运用能力	语文	详见《图配诗》（自制）	黄**、家长义工
	欢乐跳跳跳（一年级）	两个小朋友为一组同时跳绳，自己计数，记录两人跳绳次数，提出一些实际问题，学生列出算式回答问题	理解100以内加法和减法的运算规则，能正确计算（可列竖式辅助计算）	数学、体育	2条跳绳、若干草稿纸和铅笔	任**、唐*、家长义工
	小小商店我会买（一年级）	每名学生先领取50元仿真人民币（1张20元、1张10元、3张5元、5张1元），自主选择商品并付款（期间老师会随机提出问题，学生解决问题）	进一步了解人民币的实际价值，在活动中积累解决简单购物问题的经验	数学	①仿真人民币（20元、10元、5元、1元纸币）②易拉宝×3（文具场景、玩具场景、图书场景各一个）	文具：沈*； 玩具：家长义工； 图书：徐**

续 表

主题	项目名称	项目描述	考查内容	学科	物资准备	测试点负责人
我为学校添光彩	做时间的小主人（二年级）	随机出示3个附有时间的钟面,学生自主辨认时间并将钟面贴在**小学作息时间表上相对应的时间旁	认识时间单位时、分、秒;正确认出钟面和电子时钟上的时间	数学	**小学作息时间表一张（60 cm×90 cm）各种时间钟面9张（5 cm×5 cm）	麻**、家长义工
	我是啄木鸟（二年级）	1.每人抽取四张害虫卡片,快速算出结果;2.找出大树身上的害虫,并在0—9的数字卡片中选出正确的数修改	熟练掌握两、三位数加法和减法的口算及笔算	数学	害虫卡片×9,大树治病竖式牌×4,数字卡片×10	王*、家长义工
	劳动最光荣（一、二年级）	1.一年级学生叠校服;2.二年级学生系鞋带	考查学生自理能力	劳动	男生校服3套、女生校服3套、系带鞋子6只	一年级:陈**、家长义工2人;二年级:张**、家长义工2人

七、学生评价卡设计

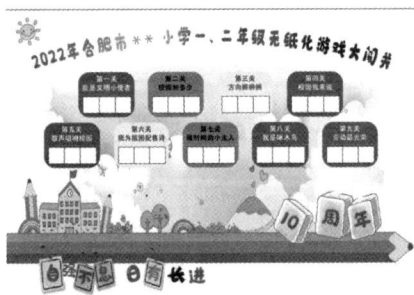

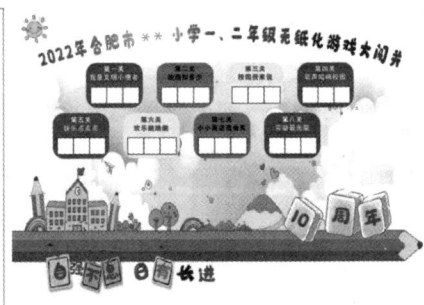

合肥市**小学

2022年6月15日

第二节　确定考查方向和命题范围，形成细目表

教师确定评价目的与评价教学目标、教材内容后，应以教学目标为横轴、教材内容为纵轴来设计"双向细目表"。它可以使测试取样对于教学内容与教学目标有较好的代表性，既能覆盖教材的全部内容，又能反映各部分内容和各认知层次的相对比重。双向细目表是命题设计思路的完整呈现，应形成于开始编制试卷之前，但在试卷编制过程中可以不断调整。制订双向细目表时，一般有以下几个步骤和关注点：

一、制订考试框架

在综合性测验中，教师应将拟定的教学目标依据听力检测、积累与运用、阅读理解、语文与生活、习作与表达五个模块归类，再依据教学目标（考查内容）与归类结果，选取适当的评价方式，从而形成二维或者多维的考试框架。这些维度体现了应从哪些角度来看待试卷及其内部结构。例如表3-1，既要全面反映学生学习结果所体现的认知能力，又要反映学生对语文知识的掌握情况。

表3-1　小学语文能力发展性评价双向细目表（四年级）

评价模块	考查内容	能力描述	能力层级				题量设计	题型	分值	难度系数
			了解	理解	掌握运用	分析与评价				
听力部分	听懂语境材料，提取信息并判断	倾听提取信息并作出判断		●			2	客观	2	0.8
	结合语境材料，判断理解	倾听提取信息、理解能力			●			主观	2	0.85
积累与运用	根据拼音和语境在田字格中填写生字词	正确拼读音节，在一定语境中正确理解、运用并规范书写生字词	●	●			2	客观	12	0.9

续　表

评价模块	考查内容	能力描述	能力层级				题量设计	题型	分值	难度系数
			了解	理解	掌握运用	分析与评价				
积累与运用	辨析多音字、形近字,理解古文中字词的含义	辨析字音、字形,在语境中理解词语的意思		●	●		3	客观	6	0.85
	用动作来描写心情	能够用动作描写来表达心情		●	●	●	1	客观	2	0.85
	联系语境,理解词语、惯用语的含义,体会其表达效果	理解并评价词语的使用效果		●	●	●	2	客观	4	0.85
	准确使用关联词语,体会修辞手法的表达效果	对关联词语及修辞手法的理解和运用		●	●	●	2	客观	4	0.85
	古诗、俗语、警句的积累、理解和恰当运用	对古诗词及警句的理解和运用		●	●	●	2	客观	4	0.85
	辨析句式,体会不同的表达效果	辨析句式,体会不同的表达效果	●			●	1	客观	2	0.85
	修改病句,体会日常语言表达中经常出现的问题	能判断基本的语病		●	●		1	客观	2	0.85
	课文复述,掌握复述课文的要领	了解、掌握复述课文的基本方法	●		●		1	客观	2	0.85
阅读理解	阅读材料(一)(课内阅读)	准确提取文本信息	●	●			1	客观	2	0.90
		体会词语在句子中表情达意的作用		●		●	1	客观	2	0.85
	阅读材料(一)(课内阅读)	体会关键句子在布局谋篇、语段内容中的作用		●		●	1	客观	2	0.80
		理解文本内容,了解、掌握提问的角度	●	●	●		1	客观	3	0.75

续　表

评价模块	考查内容	能力描述	能力层级				题量设计	题型	分值	难度系数
			了解	理解	掌握运用	分析与评价				
阅读理解	阅读材料(二)(课外阅读)	联系上下文,理解文本内容	●	●			1	客观	2	0.90
		体会关键语段的作用,考查概括段落主要内容的能力		●	●		1	主观	2	0.85
		理解文本内容,了解、掌握批注的角度	●		●	●	1	主观	3	0.80
		体会文本思想情感,把握课文主旨		●	●	●	1	主观	3	0.80
语文与生活	结合材料,梳理表格信息	从非连续性文本中提取信息并学会表达、运用		●		●	1	客观	2	0.90
	阅读材料,学会概括信息		●	●	●		1	主观	3	0.75
	联系生活,实践运用		●	●	●		1	主观	4	0.70
习作与表达	把一件事写清楚,写出自己的感受	留心生活,选择恰当的材料创造性表达,并能够自主修改习作			●	●	1	主观	30	0.80

二、确定单题考查点

首先命题要立足现行教材，统筹内容，做到充分、均衡、合理地反映考查目标。所选内容要能够凸显教材要求落实的语文学习能力、方法，关注知识的获得、能力的形成，方法和策略的掌握，关注语文核心素养的培养和落实。

试卷中的每道题目都要对应相应的能力点，考查学生要达到的能力层级，即在认知行为上要达到的水平。能力层次分为"识记了解""理解""掌握运用""分析评价（含创造）"等目标分类，体现从低阶思维向高阶思维，从基本的到复杂的、高级的认知能力的考核。

需要注意的是，每道试题只能涉及内容领域维度和能力领域维度各一个考查点，即同一维度不同部分间不能交叉。

三、确定单题题型

命制试卷过程中还要关注题型的安排，围绕知识积累、应用能力、方法策略等考查重点，设计不同的考查题型。小学语文试卷中的题型，根据性质分为主观题和客观题，具体可以分为选择题、是非题、配对题、简答题、写作题，不同的能力点需要用不同的题型进行测试。见表3-2。

表3-2　小学语文学业评价常见题型比较

题型	共性优点	各自优点	共性缺点
选择题	1.评分客观、信度较高；2.知识点覆盖广，能反映"双基"情况；3.采集数据方便，通过计算机能较快识别，提高阅卷效率	适合不同层次学习结果的评价	1.对学生思维的限制较多，不能较好地反映学生的综合能力和创新能力；2.容易助长胡乱猜测的不良习惯
是非题		适合评价，易产生理解区以及辨认因果关系的能力	
配对题		可在短时间内评价大量相关信息	
简答题	1.能比较准确地考查学生的分析能力和表达能力等；2.能有效遏制胡乱猜测的现象；3.便于分析学生的技能和知识缺陷	做题时不受猜测影响	1.阅卷费时；2.计分标准制订较复杂；3.评分人的知识积累、教学经验、个人情感、工作态度等可能会影响评分的公正性
写作题		可评价高层次的认知能力与学习结果	

四、关注题量和答题时间

一份完整的试卷，题量的大小直接影响测试的效果。题量太大，答题时间不够，考查效果难以实现；题量太少，考查量不饱和，又不能检测学生的真实水平。一份阶段性综合检测卷要求做到试题总量适中，命题教师完成试卷全部内容的时间，不少于该考试规定时间的三分之一，但不超过规定时间的五分之二。

五、关注评估指标

可靠的测量评价指标是命题评价的基础元素，没有质量标准，将会使命题如无本之木。要保证试卷的质量，科学设计每项考查内容的指标参数，以便准确掌握评测结果，以及后期的量化分析。在研发基础教育质量监测学科工具时，应特别注重其质量指标。

（一）信度

信度是指测验结果的稳定性程度，体现测验的可靠性、一致性程度。各种测验，先后向同一个对象实测后，所得的测值很难做到绝对一致，每一次的测验都可能有一定的误差。但如果每次误差都很小，那么测验的结果必然是稳定的。

要提高评分信度，减少评分环节的随机误差，制订清晰、可操作的评分标准至关重要，还应通过在评分前的培训，加强对阅卷者的指导，同时要求阅卷者严格按照标准评分。

（二）效度

效度是指测试的有效程度，测量结果与检测对象考查内容越接近，则效度越高；反之，则效度越低。一般情况下，语文测评的效度主要从以下几方面观察。

（1）体现《课标》对知识学习的要求，试题的素材符合学生的现实，试题的问题具有任务性和可探究性，试题求解方式符合《课标》所倡导的学习思维和方式。

（2）试题能准确反映学段或单元的学习重点，有较好的代表性和覆盖面，突出思维、能力、经验、积累等方面的考查；试题内容不存在科学性的错误。

（3）题型使用合理，具有语文学科特点，主观题与客观题占比合理，且与试题内容相吻合。客观题设计具有较好的辨识度，便于考查逻辑推理和判断能力。

（4）评分标准合理。评分标准兼顾教材与学情，信度高，便于量化。标准的内容描述应指向评价目标，能呈现清晰的能力层级。

（三）难度和区分度

预估值是教师在编制试题时必须考量的重要指标。测试卷过难或过易，都无法考查学生的真实水平。设题时，要呈阶梯状，先易后难，过渡自然合理，不要一开始就设置难度较大的题目，给学生造成心理负担。

难度是衡量试题质量的一个重要参数，它和区分度共同影响并决定试卷的鉴别性。"难度系数"也可以理解成"容易度系数"。难度系数数值越大，试题总体的难度越小；反之，数值越小，则表示试题难度越大。一定的难度能增加区分度，这对全面了解、掌握学生学习情况有十分重要的作用。因此，在打磨试卷时，要逐题预估，确定难度系数，控制试卷整体难度，注重学生思维的过程和思维的质量；做到不超标，不出偏题、怪题以及似是而非的题目；避免机械识记的试题，倡导考查学生对语言文字的运用能力。

第三节　整合课内外评价素材，形成题库

一、积累素材，编制试题

好的素材是成功命题的基础。教师在原创试题研发过程中，往往会由于素材有限而影响原创试题的命制。命题素材主要来源于三个方面：学生、教材、生活。

（一）从学生中来

在教学过程中，学生对某道试题的答案产生争议，给学生阐明这些争议是解惑的重要途径，也是有效教学的重要环节。在测量评价中，这些争

议的话题都可以作为试题命制的素材。例如试卷中"刚劲"中"劲"的音节到底是"jìn"还是"jìng"，学生在课堂中争执了很久，最后通过查字典得知"劲"是多音字，当作为"力气"解释时读"jìn"，当表示"性格刚强"解释时读"jìng"。命题中教师可以结合具体的语境编制题目，一边考查学生的字音掌握能力，一边考查在具体的情境中的词语理解能力。

学生在思考或答题过程中，会不自觉地对某个知识点或问题进行追问，这是因为学生在学习、思考过程中产生了疑惑，引发了联想和共鸣，这种追问是学生发现问题、提出问题思维意识的显性表现，也是试题命制素材的来源。

学生在学习过程中，经常会出现一些共性的错误，而纠正这些错误是有效教学的一项重要指标，因此共性的错误也可以作为试题命制素材的参考。

【例1】

艺术节文艺汇演，学校邀请家长来学校观看孩子们的表演。王红的家长在外出差，她该如何转述邀请函的内容呢？

_____

_____

> ⊕ 析
> 转述是学生在日常练习中的难点和易错点，转述中学生常常对人称、内容和语气的变化等处理不恰当，这种共性的错误可以成为命题素材的来源。

（二）从教材中来

教材例题设置的目的是加深学生对所学知识的理解，消化怎样用所学知识解决问题的策略方法。所以，对教材例题的研究至关重要，同时教材中的例题也是试题命制的重要素材。

【例2】词句段运用

1.下面每组词语的意思有什么相同和不同？选择其中一组词语写一段话。

举世闻名 臭名远扬	兴高采烈 得意忘形	足智多谋 诡计多端	呕心沥血 处心积虑

2.读前两个句子，体会顿号的用法，再给最后一句加上标点。

（1）它由圆明园、绮春园和长春园组成，所以也叫圆明三园。此外，还有许多小园，分布在圆明园东、西、南三面，众星拱月般环绕在圆明园周围。

（2）它的果实埋在地里，不像桃子、石榴、苹果那样，把鲜红嫩绿的果实高高地挂在枝上，使人一见就生爱慕之心。

（3）毯子越做越讲究　有黑鸡毛　白鸡毛　芦花鸡毛等　各种颜色的毯子满院子飞

> 分　析
>
> （1）"词句段运用"中考查的内容和能力，是学生一定要掌握的。
>
> （2）案例中呈现的例题，在命题中可以进行考点迁移，改变考查方式。例如词语辨析可以通过选择题考查："以下哪些词语运用准确"；顿号的使用可以通过选择题和阅读理解题考查，让学生结合语境，正确理解和使用顿号。

教材中大量的练习题从不同方面强化知识、方法的应用，将这些习题归类整合、强化训练，是单元、期中、期末复习课的常用方法，其目的是促使知识性学习的融会贯通。整合后的训练题也是试题命制的素材来源。

（三）从生活中来

新课标倡导学生多形式地自主探究、自主体悟，这是学生获得语文活动经验和方法的有效途径。小学语文命题方向表现为在情境中理解和运用语言文字，对于命题者来说更需要时刻关注生活中的事件和现象，将生活情境与教材知识、教学目标相结合。

【例3】四（2）班小鹿同学从网上看到天门山风景区的相关介绍，觉得此地风景如画，想发朋友圈推荐大家去游玩，请你给图片配上合适的文字。

分　析

　　运用古人描写天门山的诗句，描绘安徽省的风景名胜地点，并运用平时积累的语言材料将所见画面描述出来，进一步考查学生的语言运用能力。

【例4】【听力材料】

　　我："爸爸，我想采访您。"

　　爸爸："好啊，记者小朋友，你想采访我什么呢？"

　　我："爸爸，您小时候课余时间最喜欢做什么啊？"

　　爸爸："哎哟，我小时候最喜欢钓鱼啦！那时候我们家和学校之间就有一方鱼塘，每天放学一有时间，我就和好朋友们一起到塘边钓鱼！"

　　我："钓鱼？可是你没有鱼竿啊？你不会带着鱼竿和鱼线去上学吧？"

　　爸爸："哈哈，当然不是，我会自制钓鱼工具。我用铁丝做钩，用树枝和线分别做鱼竿和鱼线，再从松软的泥地里挖出蚯蚓当鱼饵。有的时候，一天能钓二三十条鱼呢！"

　　我："哇！爸爸你真厉害，每天有这么多新鲜的鱼吃，你可真幸福！"

　　爸爸："当时我钓到的鱼很小，和我的手指差不多粗，也没法吃，所以最后都带回家喂鸭子啦！"

　　我："爸爸，你的童年生活好有趣啊，既自由又能与大自然亲密接触。我好想去你的童年生活！"

　　爸爸："小傻瓜，随着时代进步，童年生活肯定是不同的。我羡慕你们拥有良好的物质条件，你羡慕我们能亲近自然，虽然我们两代人的童年不同，但是快乐相同，所以让自己童年充实、开心才是最重要的。"

　　我："谢谢爸爸接受我的采访，和您聊天我受益匪浅！"

【听力试题】

【题干】请先认真读题，再听两遍录音，完成以下答题。（5分）

1.这段话中，我是围绕"_____"的主题对爸爸进行采访的。（1分）

2.根据录音内容，以下描述不正确的一项是（　　）（2分）

A.爸爸小时候特别喜欢钓鱼

B.爸爸钓鱼时的工具是自制的

C.爸爸有趣的儿时生活，让我很羡慕

D.每个时代的童年生活都是差不多的

3.采访完爸爸，"我"觉得"受益匪浅"的原因是什么呢？想一想，完成批注。（2分）

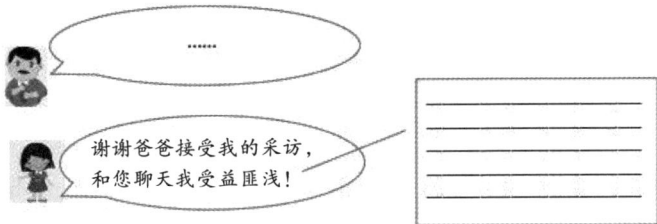

分析

1.音频形式：音频内容以对话的形式呈现，增加情境性。

2.语言表达：亲子之间的聊天贴近学生生活，与"童年生活"有关的主题学生爱听、乐听，有助于学生听懂、理解音频内容。

3.音频内容：与五年级下册口语交际"走进他们的童年生活"相结合。

4.考点设置：以往的听力题更多偏向于提取音频的主要信息、概括音频的主要意思。此次考点设置中，添加了对人物情感的理解和评价。

5.题型设置：在理解人物内心的题目中，将题目的表现形式设置成批注形式，增加情境化的同时，丰富了试题题型设置。

二、建立题库

题库是按照一定的教育测量理论，利用计算机技术构成的某学科题目的集合。

教学评价题库有利于教师分析研究各类测试的命题方向、原则、题型，明确考点的具体要求；有利于教师编制各类试题，提高课堂内外训练的针对性；有利于教师把握教学的重难点，改进教学策略，提高教学质量。建立题库一般有以下几个注意要点：

（一）考题分析

高质量的题库至少应体现在三个方面：（1）库中试题是否能合理涵盖该课程的内容和知识点，且对重点部分有所侧重；（2）为组卷需要而对库中试题所制定的指标体系是否科学合理；（3）对试题属性的标准是否准确、清晰。

建立题库时，要对考题、错题进行分析，好或不好都要附上相应的评价，以便在选用时符合整体考查意图。

（二）试题标注和录入

题库中的题目都是按照测验目标精心筛选和校准的，每一道题目除了试题本身的内容外，还要具有表征题目属性的编号、来源、知识点、答案、认知目标层次、难度、区分度以及使用情况等多种指标，这些题目以一定的结构存放在库中，使用者可以方便地根据题目属性指标提供的信息选择题目，编制所需要的试卷。

试题录入主要以电子化为主，文字、表格、视频、音频等素材要分类建立文件夹归类。建议有条件的情况下，信息技术部门要提供技术支持。

建立教学评价题库前，题库开发人员要认真研读课标，研究考点变化、命题方向等，领会考试的要求、命题的思路，把握试卷结构、试题的难度，明确考试的范围以及每一个考点的具体要求，哪个需要识记，哪个需要理解，哪个需要运用，做到心中有数。只有教师熟知了考试的考点要求后，才能够准确地把握习题的筛选、设计的方向，做到试题内容、题型、难度、题量等符合学生的实际。

建立高质量的题库，教师需要养成积累试题、分析试题的习惯。各类单元考点题、测试题，是建立教学题库的源泉。及时记录整理一些具有典型性、针对性的优秀习题，是建立教学评价题库的基础；细心整理平时学生出现的具有典型性、普遍性的错题，是建立教学评价题库的关键；持之以恒、推陈出新地修改、补充、积累和完善试题，是建立教学评价题库的保障。

第四节　改造试题素材，研磨试卷

一、明确考试性质，发挥导向作用

试卷作为考查、评价教学质量和学生学习情况的重要载体，是检测师生"教"与"学"的试金石。通过试卷的检测，教师能够在学生的学习过程中，及时掌握他们在学习兴趣、需要、情感、态度、知识、能力、学习方法以及交流合作等方面的发展情况，以便及时对教与学的行为做出调整，提高学习的有效性。同时，它能够改善课程设计，完善教学过程，从而有效地促进学生的发展，更能全面折射教师业务能力水平的高低。

一份试卷绝不仅仅是简单的题目累积和拼凑，题目的难易程度如何确定，才能全面地考查处在不同学习程度的学生；试题各个部分（字词句段篇）如何合理搭配，才能真正全面反馈一段时间以来学生学习语文的实际情况；什么样的题目能体现新课标的要求，促进学生语文核心素养的形成……这些都是命题者需要思考的问题。

"以考促学""以考促教"是测试的价值所在。在重视发展学生核心素养的课程改革中，我们以语文课程标准为纲，不断探索创新，目的就是充分发挥测试的评价与导向功能，既要测试不同层次学生的语文能力，有效考查学生的语文素养，推动学生实现预期目标，又要评价教学效果，促进一线教师对教学活动进行反思，改进教学，让测评更好地改变教师的教和学生的学。

一份高质量的试卷，要能客观地反映一个阶段学生该学科学习目标的达成情况，让学生能够看到自己在一个阶段语文学习的主要成绩，知道自己以后努力的方向；同时，要能够体现新课程背景下语文教学的基本理念，对教师的教学起到正确的导向作用。

因此，测试的目的不是甄别和选拔，而是"达标"，目的是考查学生对课程标准所要求的基础知识、基本技能、学习方法和态度等方面掌握情况。在明确了考试性质、考试目标、命题依据和考试范围及试卷结构后，经过制订双向细目表，确定考查目标、考查内容、难度、题型后，选择恰当的知识点编制试题，包括选择题目、改编题目和创编题目，最后形成一份完整的试题。

二、不同版块试题研磨例谈

试卷命制完成后，要研磨试卷，简称"磨卷""磨题"。磨卷是指依据双向细目表，对试卷从不同角度进行研究和琢磨，仔细推敲，逐步完善试卷质量的过程。磨卷工作主要包括试卷的审阅、校对和制订答案和评分标准等。

（一）"听力检测"磨题

语文素养包括听说读写等方面，听力是学生语言智能发展的重要方面。根据教育心理学的研究，人们在生活中的语言交往，"听"占45%，"说"占30%，"读"占16%，"写"占9%。听力水平的高低在很大程度上决定人的认知程度和认知能力的发展，制约语文知识的学习和语文能力的发展。因此，听力的培养是极其重要的，应从小学阶段做起。

语文课程标准指出，口语交际能力是现代公民的必备能力。应培养学生倾听、表达和应对的能力，使学生具有文明和谐地进行人际交流的素养。但是，课程标准对于各学段的学生听力要求并不明确，长久以来，听力题在小学语文测试中仍然处于"缺席"状态。评价的缺失导致教师的"教"与学生的"学"都忽视了对听力的培养，学生语言智能的发展没有引起应有重视。因此，我们在试卷中设置了听力检测版块，对小学生倾听能力评价进行研究和探索。

【例5】四年级下册测试卷 听力测试

【听力材料】

（电台开始的背景声音）

播音员：

听众朋友，早上好！欢迎您收听合肥广播电台早间天气播报。本周合肥气温最低25摄氏度，最高34摄氏度，受梅雨季节影响，空气潮湿闷热，周末受强对流天气影响，将迎来一次明显降水过程，并可能伴有雷雨大风、短时强降水，请大家注意防范。俗语说，"六月的天，说变就变"，合肥的天气真是任性。

【听力试题】

请先认真读题，再听录音两遍，完成以下练习。

（1）根据录音内容，我们知道合肥目前已经进入_____季节，空气潮湿闷热。

（2）合肥本周白天天气情况是下列哪一项（　　　）

A.炎热　　　　B.凉爽　　　　C.温暖

（3）下列哪一项与听力材料中"任性"一词意思最接近（　　　）

A.淘气顽皮　　　B.随意变化　　　C.活泼可爱

> 分　析
>
> 1.听力测试的内容情境生活化，指向"生活世界"，引导学生做"生活阅读"，体现"大语文"教学观。
>
> 2.不同于阅读题，听力题主要考查学生是否听懂主要信息、核心词语。

【简析】听力题作为教学测试评价的内容之一，应当"以学定评"和"以学定测"，首先要考虑学生的年龄特征和认知特点，不可过高或过低于学生的实际水平。在材料选择上，尽量选择与学生生活密切相关、通俗易懂又富有情趣的内容；尽量避免文言文、诗歌等一些辞藻生僻、含义太深的内容。这些内容与学生实际生活经验、知识经验和思维能力差距过大，不适合作为听力题。听力材料的字数不宜过多、时间过长，这样容易产生听觉疲惫，抓不住重点，不利于思考和答题。

听力题有别于阅读题，学生无法反复阅读和思考，因此题目设计不宜难度过大，但也要减少刻板的"死"题，诸如听写记录等，要让学生在听的过程中把握中心内容，听懂内容，捕捉主要信息和核心词语。

（二）"基础知识"磨题

基础知识是语文教学的重要内容，也是语文学习的基石，涵盖了字、词、句的学习和运用等多方面内容。试卷中的基础知识版块，目的是检测学生对教材中字词句等掌握情况，检测学习效果。

【例6】

四年级（下册）期末水平测试卷基础知识

【修改前题目】

一、看拼音写字词。

问　题
传统的看拼音写词语，没有具体语境，题型单一，枯燥无味，容易产生同音字词混淆的问题。

jīng què　　xǐ què　　shēng sè jù lì

（　　　）（　　　）（　　　　　　）

qiū líng　　nián líng　　mù míng ér lái

（　　　）（　　　）（　　　　　）

【修改后题目】

一、读拼音，写词语。

　　　　　　jiāo yàn　　　　chóu mì　　　　yí rén

校园里，花儿（　　　　），树叶（　　　　），风景（　　　　）。我们就

　　qín láo　　　　　　　　　　máng lù

像（　　　　）的蜜蜂，在知识的园地里（　　　　）耕耘。在求知的道路

　　　　áng shǒu　　　　　　　shèng kāi　　　　tǔ rǎng

上，我们（　　　　）向前，让理想之花（　　　　）在希望的（　　　　）。

【简析】传统的看拼音写词语，试题内容的呈现方式单一，答题体验枯燥。在试题的设计上根据儿童的年龄特点进行情境化、生活化的改造，贴近教材，贴近生活，注重趣味性、过程性、体验性。不仅考查学生的知识与技能，更注重考查学生的综合素质。比如将试卷中传统命题"连词成句"设计成："小小绘画家，请试着将下面的词语连成一句话，你会有惊奇的发现"。学生正确完成试题后，呈现在面前的不仅是两句完整的话，还有两幅美丽、可爱的图案，做到知识性与趣味性相结合。

（三）"积累与运用"磨题

"积累与运用"题是语文试卷中最为纷繁、灵动、多变的题型。试题的研制应对教学产生良好的价值导向，引导教师准确把握教学目标，注重学生语文素养的全面养成。绿色评价试卷中，积累与运用的考查目标和内容是：具备基本的语文积累和综合运用能力，能积累课文中要求背诵的语段；积累常见的成语、格言、谚语、名言警句等语言材料；掌握课程标准推荐学习的古代诗文；能在具体情境中恰当运用所积累的语句表达自己的情感；具有一定的课外阅读量和阅读面。能了解"快乐读书吧"所推荐书籍的基本信息；能对自己喜欢的书籍、故事或人物做出简单的评价等。

【例7】五年级下册测试卷

【修改前题目】

5.我国的四大名著指的是《三国演义》《水浒传》《红楼梦》和《_____》，其中让我印象最深的是_____（填四字词语或成语）的_____（填人物名）。

【修改后题目】

5.我国的"四大名著"指的是《三国演义》《水浒传》《红楼梦》

《_____》，其中令人印象深刻的有神机妙算的诸葛亮、多愁善感的林黛玉，还有_____（填四字词语）的_____（填人物名）。

> ⓐ 析
>
> 修改后的试题给出了带有人物形象特点的例子，引导教师和学生关注名著阅读中对人物形象特点的把握，同时，给出范例也降低了答题难度。

【例8】六年级下册测试卷

【修改前题目】

默写《春夜喜雨》。

春夜喜雨

_____，_____。

_____，_____。

【修改后题目】

春天是什么？她是杜甫笔下的"随风潜入夜，_____"，也是杜牧笔下的"_____，水村山郭酒旗风。"望着满眼生机勃勃的春色，我还想到了关于"春"的诗句"_____，_____。"

> ⓐ 析
>
> 改变原题默写的单一考查形式，将关于春天的诗句融入语境，归类识记，适当拓展，考查内容更广。

【例9】五年级上册测试卷

【修改前题目】

填空：

一粥一饭，_____；半丝半缕，恒念物力维艰。

【修改后题目】

学校新建的食堂要选择一条宣传标语，下面最合适的是（　　　）。

A.不饱食以终日，不弃功于寸阴

B.知之为知之，不知为不知，是知也

C.书籍是全世界的营养品

D.一粥一饭，当思来处不易；半丝半缕，恒念物力维艰

> （分 析）
> 改变题型，将提倡珍惜粮食的谚语融入语境，选项覆盖的内容更广，引导理解积累的同时更加关注实际运用。

【简析】"积累与运用"题想要检测出学生真实的学业水平，必须从促进学生发展的角度选择题型，凸显学生在真实情境中综合运用所学知识的能力。识记型、理解型、运用型这几类不同能力层级的题型要合理分布。一般按照难易程度和认知规律，先考查"识记"，再考查"理解"，最后考查"运用"。

（四）"阅读理解"磨题

义务教育语文课程标准提出，阅读的评价，要综合考查学生阅读过程中的感受、体验和理解，要关注其阅读兴趣与价值取向、阅读方法与习惯，也要关注其阅读面和阅读量，以及选择阅读材料的能力。重视对学生多角度、有创意阅读的评价。因此，研制科学有效的阅读题对促进学生阅读能力及阅读教学的健康发展显得尤为重要。

阅读理解题重在考查学生的阅读能力和鉴赏能力，可分为由低到高的认读能力、解释能力、概括能力、评鉴能力四个层级，而这几种能力在平时的训练中具体表现为语文知识的理解、阅读方法策略的掌握、阅读兴趣习惯的培养等。基于以上，阅读题的考查不应仅仅停留在字、词、句、标点等基础知识范畴，它还应包括：理解文章中关键词句的意思，提取信息，概括内容，领会语言材料中所表达的态度、情感与观点，根据语言材料做出合理的推断，评鉴文章内容与表达方式，学习文章的写作方法，厘清文章结构等，是以考查"阅读能力"为导向，发现学生阅读能力上的问题，进而改进和指导平时的阅读教学。

【例10】四年级下册测试卷

【修改前题目】

（二）课外阅读

疏　通

清晨，小街上人来人往，像畅流的小溪。忽然，两辆自行车撞在一起，两个小伙子争吵起来，互不相让，像一块大石头横在小街中，小溪流缓慢了，渐渐停止了。（　）一个大汉猛按车铃，厉声高喊。（　）一个姑娘急得满脸通红，直跺红皮鞋。（　）一个中年男子长叹了一声……有几个人干脆掉转车头，绕道而走了。

人越聚越多。这时，人群中走出一位老大爷，头发斑白，神情安详，声音洪亮："一大清早就吵架，不怕一天不顺当？快走吧！"不知怎么的，两个争吵的小伙子一下子松开了手。老大爷站在街当中，高声喊道："东去的，右边走！前面的，别停住！快走！"

人群开始缓缓移动，渐渐地加快。一会儿，小街畅通无阻，响起了小溪的欢歌。

1.用"＿＿"画出一个比喻句，用"〜〜"画出一个拟人句。

2.文章记叙的时间是＿＿＿＿＿，地点是＿＿＿＿＿，主要人物是＿＿＿＿＿，事件是＿＿＿＿＿。

3.文中的"小溪"是指＿＿＿＿＿，"大石头"是指＿＿＿＿＿。

4.下列句子应该填在文中哪一空白处（填序号）

A："唉！小街太窄了！"　　B："喂！快走啊！"　　C："急死人了！"

5.小溪又响起欢歌的原因是＿＿＿＿＿。

6.题目"疏通"有两层意思：一是＿＿＿＿＿；二是说人们的思想要疏通。

问　题

思维有六个层级：识记、理解、应用、分析、评价和创造。其中前三个层级被认为是"低阶思维"，后三个被认为是"高阶思维"。画出比喻句、拟人句、提取文章的要素，考查的是知识的检索、提取；文中词语的意思、句子的位置和题目的含义，考查的是阅读理解层级。阅读题的考查要逐步从低阶思维向高阶思维转变。

【修改后题目】

（二）珍贵的熊猫

①熊猫，也叫猫熊、大熊猫、大猫熊，它是我国特有的一种数量很少的动物。

②熊猫的生活习惯十分奇特而有趣。它生活在高山的森林里，喜欢吃竹笋、竹叶，一边吃，一边走，一边排粪，似乎不大讲究卫生。它喜欢爬树，常常爬到云杉树上剥皮，用不了很久，就将树皮剥得精光。它喜爱喝水，喝饱水以后，往往像喝醉酒那样东倒西歪，或"醉卧"在河边。

③熊猫既淘气又机灵。有时，当猎人出去打猎的时候，它便趁猎人不在家，大摇大摆地闯进猎人搭起的棚子，偷吃猎人家的野味。吃完了，还把勺子扔得远远的，甚至把锅挂在树杈上。森林里有一种小动物叫竹鼠，经常钻进洞里咬竹根。每当听到竹鼠咬竹根的声音时，熊猫便根据声音寻找它的洞口。找到洞口后，它便立即不停地向洞里喷气，并用前爪在地上使劲拍打，这样一来，可把竹鼠吓坏了，以为有什么野兽要钻进洞里来吃它，于是赶忙逃走。谁知，早早守候在洞口的熊猫，一看见逃窜的竹鼠，立刻猛扑上去，猎取一顿美餐。

④熊猫看上去憨态可掬，但遭遇袭击时总是勇敢地还击。在它们生活的地区，有一种诡计多端的豺（chái）狗。这种野兽攻击性极强，常常成群结队地跟随在马、牛、羊的后边，乘机扑到这些牲畜背上袭击它们。熊猫却有对付豺狗的办法。一旦遇到豺狗，它便四脚朝天仰卧在地上，这样既保护了自己，又可以腾出四个脚爪来对付敌人。当豺狗向它袭击时，它四爪齐抓，连撕带咬。豺狗被抓得鼻青脸肿，头破血流，大败而走。

⑤大熊猫之所以珍贵，不仅因为数量稀少，机灵可爱，更重要的是，它有着800万年的历史，被称为"活化石"，对科学工作者研究古代哺乳动物具有珍贵的价值。

13.短文②③④自然段分别从"＿＿＿＿＿＿""＿＿＿＿＿＿""遇袭时勇敢还击"三个方面描写熊猫。

14.仔细阅读文中画线的句子，将熊猫捕捉竹鼠的经过填写完整。

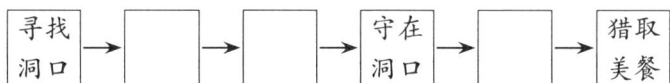

```
寻找 →  □  →  □  → 守在 →  □  → 猎取
洞口                        洞口         美餐
```

15.对短文内容的理解，以下说法正确的一项是（ ）。

A."它生活在高山的森林里，喜欢吃竹笋、竹叶，一边吃，一边走，一边排粪，似乎不大讲究卫生。"表现了作者对熊猫生活习惯的不满。

B."它喜爱喝水，喝饱水以后，往往像喝醉酒那样东倒西歪，经常'醉卧'在河边。"表现了作者对熊猫的喜爱。

C."一旦遇到豺狗，它便四脚朝天仰卧在地上。"表现出熊猫的懦弱胆小。

D."豺狗被抓得鼻青脸肿，头破血流，大败而走"表现了豺狗毫无攻击性。

16.2022年北京冬奥会和冬残奥会选择了熊猫为吉祥物，请你根据文章内容，说一说你觉得它被选为吉祥物的原因（至少写出三点）。

＿＿＿＿＿＿＿＿＿＿＿＿＿＿＿＿＿＿＿＿＿＿＿＿＿＿＿＿＿＿＿；
＿＿＿＿＿＿＿＿＿＿＿＿＿＿＿＿＿＿＿＿＿＿＿＿＿＿＿＿＿＿＿；
＿＿＿＿＿＿＿＿＿＿＿＿＿＿＿＿＿＿＿＿＿＿＿＿＿＿＿＿＿＿＿。

优 点

高阶思维，是指发生在较高认知水平层次上的心智活动或认知能力。它在教学目标分类中表现为分析、综合、评价和创造。

和传统找一找、选一选、填一填的阅读题相比，提取关键信息、概括小标题、分析评价、综合表达等题目的设计，体现了高阶思维的过程，对于阅读教学也有很好的导向作用。

【例11】 六年级上册测试卷

阅读理解

窗边的小豆豆（节选）

黑柳彻子（日本）

片段一

终于，小豆豆盼望已久的"海的味道、山的味道"的午饭时间开始了。要说这"海的味道、山的味道"，原来是校长先生要求的盒饭的菜肴。

山的味道……比如说蔬菜啦，肉啦（当然，肉并不是在山上得到的，但是大致区分一下的话，牛啊猪啊鸡啊都是生长在陆地上的，就归入"山的味道"里面）。海的味道则是鱼啦，红烧海味什么的。总之，盒饭的菜里一定要有海里和山上出产的东西。小豆豆的妈妈非常敬佩校长先生，她觉得"能够把想要说的话，如此简练地表现出来，这样的成年人，除了校长先生之外，没有第二个了"。

小豆豆在巴学园的第一次午饭时间，虽然有点儿紧张，但非常开心。思考什么是"海的味道、山的味道"也很有趣。"一切都让人高兴！"小豆豆这么想着，觉得非常开心。

片段二

校长先生总是对巴学园的家长们说："请让他们穿上最差的衣服，到学校来。"这是因为，校长先生认为如果孩子们担心"弄脏了衣服，妈妈要骂的"，或者"会弄破衣服的，所以不能和大家一起玩"，那对于孩子们来说，就会减少很多乐趣。

小豆豆最喜欢的游戏是钻别人家或者围野地的篱笆。当她看到一大片围着长长铁丝网篱笆的空地时，就从篱笆的一头到另一头，不停地钻进钻出，这样就把衣服连短裤也给弄破了。

妈妈看着满身是泥、衣服也破了的小豆豆，她不由得衷心佩服校长先生让孩子们穿"弄脏了也没关系的衣服"的提议，这才是真正理解孩子们的大人啊。

片段三

巴学园在好多方面都和别的学校不一样，运动会就更有特色了。除了拔河和二人三脚同别的学校一样，其余的项目全部是校长先生设计的。

运动会的奖品，最富有校长先生的特色。一等奖是"一根萝卜"，二等奖是"两根牛蒡（又名东洋牛鞭菜，一种可以食用的植物）"，三等奖是"一束菠菜"之类。大家开始对蔬菜奖品还是有抵触的。小豆豆得到了牛蒡和大葱，她也感觉把这些拿到校车上怪不好意思的。校长先生好像听到了大家的抱怨，于是走到提着蔬菜奖品的孩子们面前说："不想带回去吗？今天晚上，请妈妈把这些做成菜，用你们努力得来的蔬菜，做全家的菜肴，不是很好吗？肯定很好吃！"

他也许希望学生们在一家人吃饭时，边吃着蔬菜奖品的菜肴，边谈论运动会吧？希望让孩子们能记住这个时刻的喜悦心情。

10.根据短文的内容选择正确答案。（3分）

（1）小豆豆就读学校的校名是（　　　）

A.自由之丘　　　B.艺人学校　　　C.巴学园

（2）校长先生为什么让孩子们穿"最差的衣服"到学校来？（　　　）

A.让孩子们没有后顾之忧，玩得更快乐

B.差的衣服价格便宜

C.妈妈洗的时候更方便

（3）给"片段一"选择一个最好的标题（　　　）

A.海的味道·山的味道　　　B.午饭时间　　　C.盒饭的菜肴

11.读了这三个片段后，你喜欢这个校长吗？为什么？请至少说出两点理由。（3分）

_____；

_____。

12.请根据这三个片段做一张读书卡。（4分）

☆ 书名《_____》

☆ 作者：_____

☆ 这三个片段中，我最喜欢的是第_____个片段，因为_____。

☆ 我想把这本书推荐给（谁）_____看，因为_____。

优 点

阅读文本的选择要真实、贴近学生生活，文质兼美，让学生产生良好的阅读体验。

《窗边的小豆豆》是日本作家黑柳彻子创作的儿童文学作品，讲述了作者小学时在巴学园学习时，度过的一段自由、平等、美好的时光。学生熟悉作品，书中的一些片段充满童真童趣，也引人深思，是很好的阅读材料。

【简析】阅读题的命制要以"能力立意"，关注学生四大能力的考查：提取信息、作出解释、整体把握、作出评价，这是阅读题的主要考查指标。"能力立意"，说明"阅读理解"本身就是在考查学生的阅读理解能力，一些基础知识题目不应安排在阅读题中。课程标准提出要让学生"在交流和讨论中，敢于提出看法，做出自己的判断"等高阶思维的要求，因此阅读题的设计要逐渐向检测学生高层次水平过渡，引导学生从浅阅读走向深阅读，从低阶思维上升到高阶思维。

阅读还是在一个特定情境之下读者与文本"建构"和"交互性"的过程，读者要利用已有知识经验，借助文字及情境线索，运用有效阅读策略，对阅读内容进行品读和反思。因此要根据考查目的和学生的认知能力，选择文质兼美、贴近学生生活的文章。一道优秀的课外阅读试题，必然是一篇能够给学生带来阅读愉悦和深度思考的阅读材料。

（五）"语文与生活"磨题

语文源于生活，又广泛运用于生活，培养学生在生活中学习语文和运用语文的意识和能力，是语文教学的一项重要任务。在多年的绿色评价测试命题中，我们都设计了"语文与生活"题型，既有启发性，又有实用性，目的就是引导学生走出书斋，关注生活，关注社会，关心时事，让学生在社会生活中学语文。

语文是一门综合性很强的学科。义务教育语文课程标准指出，应拓宽语文学习和运用的领域，注重跨学科的学习……使学生在不同内容和方法的相互交融、渗透和整合中开阔视野，提高学习效率，初步获得现代社会所需要的语文实践能力。我们的试题应该引导学生综合运用所学知识，解决实际生活问题，彰显语文课程的工具性和综合性。基于以上考量，在"语文与生活"版块中设计了非连续性文本阅读。

非连续性文本又称"间断性文本"，相对于具有叙事性、文学性的连续性文本而言，由直观、简明、概括性强的文字图表构成的阅读文本形式。主要包含图表、图解文字、说明书、广告、目录、地图、索引等内容，它承载的信息不再是直线性地呈现出来，也不再是单纯的文字体现，而是实现了多维的分布。与连续性文本阅读相比，非连续性文本阅读呈现出来的信息具有更强的直观性，更大的信息储存量，具有概括性强、醒目、简洁等特点，能够简洁系统地呈现文本的关键信息，其阅读具有"短、简、快"的特点，能极大缩减阅读时间，提高阅读效率。

通过非连续性文本阅读获取信息是现代公民必须具备的一种能力。比如：出门旅游如果看不懂地图就会迷路；买药治病如果看不懂说明书就会延误病情……而这一系列信息都是通过非连续性文本的形式呈现的。因此，从小培养学生的非连续性文本阅读能力势在必行，它能帮助学生获取更多的知识，也可以提升适应社会的综合能力。

【例12】五年级上学期期末试卷

【材料1】

儿童青少年时期是人体发育的重要时期，此时期身体素质状况决定人一生的健康状况，影响着一生的幸福。朝阳小学对学生体质健康状况和参加阳光体育大课间活动的情况进行了调查和统计，分析结果后绘制成如下统计图表。请根据图表完成练习。

影响学生参与活动因素统计

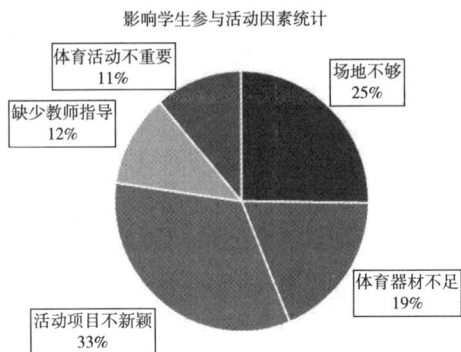

【材料2】

朝阳小学体质健康状况统计表

测试项目	升降趋势	测试项目	升降趋势
身高	↑	肺活量	↓
体重	↑	视力	↓
胸围	↓	800米(女)、1000米(男)	↓

16.根据体质健康状况统计表（材料2），你得出了什么结论？（3分）

_____

17.结合影响学生参与活动的因素统计图（材料1），判断以下说法或做法是否正确。对的打"√"，错的打"×"。（3分）

①同学们参与度不高的首要原因是场地不够。 （　　）

②教师科学有效的指导，可以提高学生的参与度。 （　　）

③在学校里最重要的是学习，阳光体育活动参不参加无所谓。 （　　）

18.如何让大课间的活动更加丰富多彩，请你结合图表提出合理化建议。（不超过20字）（3分）

_____

_____

⦿ 优 点

　　培养学生在生活中学语文和运用语文的意识和能力，是语文教学的一项重要任务，测试作为导向更要凸显这个目标。

　　这道题的内容和学生的生活联系紧密，又有实践操作性、实用性，目的就是引导学生走出书斋，关注生活，关注社会，关心时事，让学生在社会生活中学语文。

　　【简析】"非连续性文本阅读教学"是阅读教学的重要组成部分之一，也是小学语文新课标对阅读的基本要求之一。面对现代社会发展的要求，加强对学生获取信息、处理信息、应用信息能力的考查，非连续性文本阅读能进一步丰富学生的阅读体验，提高学生获取信息、归纳总结、分析解决问题的能力，增强生活阅读能力，提高阅读素养，为今后更好适应社会打下良好基础。

　　非连续性文本阅读作为一项新的题目类型，呈现出由重书本阅读到重实用阅读的特点。命题时注意把握材料内容，关注迁移，加强整合，关注生活，利用非连续性文本阅读的形式，让"阅读"的视野变得更广阔。

　　（六）"习作与表达"试题

　　在整个小学阶段的语文学习中，习作能力展示的是学生语文知识储备水平，基础知识是否扎实、内涵是否丰富、写作方法是否掌握，都是影响习作水平的重要因素。习作的考查目的是让教师清晰地了解学生的水平和不足，结合学生的实际情况，进行有效的指导，帮助学生掌握写作技巧，提高表达能力和语文综合能力。

　　1.补充式

　　【例13】"生活是本无字书"，我们要做生活中的有心人。生活中的一件事、一句话、一个行为，可能都会引发我们的思考，从中获得启示。请你以"_____的启示"为题写一篇记叙文。要求：请先把题目补充完整，然后完成习作。

　　【例14】伴随时光，我们一天天长大，懂得了孝敬父母，懂得了珍惜友情，懂得了宽容，懂得了感恩，懂得了坚强……请以"那一次，我懂得了_____"为题写一篇作文，400字左右。要求：1.先把题目补充完整，围绕中心意思，写一写事情发生的环境和自己的心理活动。2.做到语句通顺，内容具体，表达真情实感。

题目分别选自合肥市五年级语文学业评价试卷六年级语文答题卷。这类题目可以调动学生的真情实感，打开记忆"库存"，选择心中所"爱"，自由抒发生活感受。这样的命题，既能让学生有所选择、有话可写，又能考查出真实水平。

2.漫画式

【例15】漫画往往意味深长，能引发我们的思考。仔细观察下面这幅漫画。先写清楚漫画的内容，再联系生活中的人或事，写出自己从漫画中获得的启示。

温馨提示：1.文章中不得出现真实校名、人名。

2.题目自拟，不少于400字。

本题选自2021—2022学年度第二学期五年级语文答题卷。漫画式命题可以检测学生的观察力、思维力和表达力。命题时提供图像清晰、含义明确、与学生认知贴近的图画，让学生观察想象，构思习作。生动形象的画面既为学生直接提供习作素材，又可以激发学生的习作兴趣。

3.选择式

【例16】1.同学们，你们的身边也有一群像《飘香的生命》中老大爷一样默默奉献的人：任劳任怨的环卫工人、爱岗敬业的老师、救死扶伤的医生、含辛茹苦的父母……请选取你印象最深的一个人，通过具体事例，运用细节描写，体现人物品质。

2.社会上的新闻热点、学校里的趣闻轶事、邻里的家长里短……最近，你的身边都发生了哪些新鲜事呢？请选择一件写下来，注意突出重点，把细节写具体。

请从以上两题中任选一题，题目自拟，字数400字左右。

本题选自2018—2019学年度第二学期合肥市小学生发展绿色指标评价测试五年级语文试卷。

> 优　点
>
> 1.关注个体差异，体现试题的层次性，二选一的话题作文，较好地为学生铺设了一个展现写作个性的平台。
>
> 2.题干语言清晰，明确写作要求，为写作提供帮助。

4.话题式

设计一个具体的话题，让学生围绕这一话题选取素材，完成习作。

【例17】生活中，我们常常被那一缕缕爱的温情轻轻地包裹着，我们也曾把自己的那份爱心献给父母、亲人、同学、朋友……在这样的奉献中，我们感动着他人，也常常被他人感动着。请你以"奉献"为话题，用一到两件具体的事例，写出奉献的经过，表达真情实感。

题目自拟，不少于400字。

本题选自合肥市小学语文五年级上册期末测试卷。围绕话题选取素材这种命题方式更适用于第三学段，这种试题能较为客观地反映出学生的语言组织和表达能力。

5.材料式

材料式命题是提供一段具体的材料，或描绘一个情境，或交代一段情节，或提供开头、结尾，要求学生按提供的材料和要求习作。

【例18】

1.同学们，生活中有太多有趣的事物值得你去看个究竟。你曾经仔细观察过什么？是花草树木，还是鸟兽鱼虫？……请选择印象最深的一个事

物，按照一定的顺序展开描写。要求：突出事物特点，做到语句通顺、书写工整，题目自拟，不少于300字。（四年级上学期）

2.世界上没有两片完全相同的树叶，也没有完全相同的两个人。生活中，我们每天都会接触到各种各样的人，请选择你最熟悉的一个人，结合典型事例，通过动作、语言、神态等多种描写方法具体表现出他（她）的特点。题目自拟，400字左右。（五年级下学期）

> 优　点
>
> 1.描写印象深刻的事物，按照一定顺序描写，与四年级上学期第三单元语文要素连续细致观察、准确生动表达相契合。
>
> 2.选择熟悉的人，运用多种描写方法表现特点是五年级下学期习作单元的目标，体现了语文要素与目标。

【简析】部编版教材在编排时设计了单元人文主题和语文要素双线组元，是对语文课程目标的分解和学段目标的细化，是单元学习的重点，指向课程标准与学段目标的达成。语文要素的落实同样体现在单元习作教学中，因此，习作题的设计要关注单元教学目标和语文要素，不能偏离。此外，题干的表述要清晰明了，既能说清要求，又能为写作提供选材、范围、方法的提示。还要努力拓宽试题思维的空间，尽量为不同个性的学生提供发挥独特见解的机会，充分张扬学生的个性。

第五节　制定评判标准及参考答案

一、什么是评分标准和参考答案

评分标准主要包括参考答案、评分要点及分数分配方案等，它是阅卷者评分的依据。评卷教师在评卷中，判定一道题目是对还是错，不能自拟标准，必须按照试卷评分标准及参考答案的要求给分或扣分，做到给分有据、扣分有理。制定评分标准是为了尽可能在统一的标准下评定成绩，参考答案则是评分标准的说明。

对于包含大量主观性试题的语文试卷来说，试题命制是否科学规范、答案是否准确严谨，阅卷前对评分标准的研究和细化十分重要。细化评分标准既是对参考答案的有益补充，又是对考情、学情的合理判断，并且对语文教学起着导向作用。

二、怎样制定评分标准及参考答案

首先，要对试卷的全部内容进行深入细致的分析研究，这是写好参考答案和评分标准的第一步，也是制定参考答案和评分标准的必不可少的基础性工作。

其次，要统筹安排，科学合理。评分标准包括参考答案、分值比例、评分要点等，答案的难度与容量应该与配置的分数对等。参考答案应具体明确，准确无误，各层次的分值要注明。试题的赋分应合理，试卷中每种题型试题的赋分应该统筹考虑。制定评分标准时，应选择最适合于试题和考查目的的评分方法，对考查目的较单一的试题可采用整体评分方法；考查目的不单一的试题可采用分析评分方法，按要点给分，每个评分点通常只对应一个独立的行为特征。

第三是易于操作，体现教学导向。评分标准和参考答案是命题方向和目标的体现，依据命题方向和目标制定的评分标准和参考答案要便于实际操作和使用，同时引导教师在教学时不仅要关注学生的知识获得，更要关注思维的过程，关注高阶思维的体现。

【例19】五年级下册答题卷　基础知识

> 请用钢笔正确、工整地抄写下面的句子。（3分）
>
> 　　子曰："学而时习之，不亦说乎？有朋自远方来，不亦乐乎？人不知而不愠，不亦君子乎？"
> _____
> _____

⇩

> 评分标准：
> 　　本题共3分，从抄写正确规范、书写字体美观、行款整齐三个角度评分，分三等，分别赋3分、2分、1分。

【简析】试卷也有语言，分显性和隐性两种。试卷的显性语言主要体现在题目的要求上，它的表述对象是学生。试卷中的显性语言大多简洁明快，可操作性强。不仅如此，对于学生的答案，试卷也有着客观准确的评分标准，而这评分标准，就是试卷的隐性语言，它的表述对象则是教师。

像这样的题目，显性语言主要有三个关键词："正确""工整""抄写"。学生很快就能判断出自己应该做什么，怎么做。另一方面，试卷的隐性语言则比较细腻：学生抄写正确与否、书写是否工整、抄写的格式是否正确、标点符号是否有遗漏，都占有一定的分值。也就是说，如果学生抄写的格式、汉字的书写、标点的使用都是正确的，那么他已经达到基本的要求，如果他的书写也很工整、美观，那么表现就更加完美了。因此，在制定评分标准时，要将标准和要求细化，便于阅卷教师使用，同时有意识地引导教师在教学中关注学生对汉字的美的感受，对书写进行细致的训练。

三、评分标准及参考答案拟定注意要点

（一）确保参考答案的准确性

参考答案应具体明确，准确无误。命题者要从学科的角度对试题的解答过程反复推敲，确保答案正确无误和表述科学、规范。客观题的答案必须正确、唯一；对于主观题，要明确答题的要点，并从学生的角度充分预估作答时可能出现的合理答案，选择最基础、常见的内容作为参考答案，突出思考过程。

（二）确保参考答案的科学性

科学性是指参考答案无科学性错误，另外也指程度合适。对于一些客观题来说：看拼音写汉字、积累与运用的填空，汉字、语句内容的正确填写就是答案，参考答案中不能出现错误内容。

选择题的正确选项，设计时就要考虑到它的科学性和程度问题。程度

包含难度，也包含其他因素，在设计选择题的选项时，应排除正确选项的偏、怪现象，还要考虑它和干扰项的内容是否平衡，避免答案交叉重复等。

对于主观题来说，科学性首先是指参考答案和评分标准准确合理。另外，重要的是要看参考答案是否体现了一个相对完整的表达，是否揭示了题目各个因素之间的内部联系，由重筛选转向综合分析和深层理解，体现答题过程中的高阶思维。

（三）注意评分标准的可操作性和层次性

可操作性是指评分标准应与参考答案相呼应、相一致，同时又有一定程度的变通性。也就是说，评分标准对答案来说既是给分的依据又是变通的依据。这要求评分标准的含量要大于具体的答案，要能放得开又能锁得住，要能够应对同一问题的各种理解和表述。

对于主观题的评分标准分为采点评分和分层评分。采点评分关注结果、格式是否规范，答题是否全面，原则是扣少不扣多；分层评分关注的是思维的过程，按"质"评分，求深不求量，寻求的是高阶思维的体现。

（四）保持评分标准的开放性，引领思维的多元化

语文学科的主观题具有适度的自主与开放的特点，在制定评分标准和参考答案时，要对试题的答题要点充分地思考，要点不唯一，更不能随意以教师的理解和观点代替学生的思维。多角度对答题要点进行预设，想学生之所想，想学生之所不能想。充分考虑学情，分层设计标准，以便体现学生个性化的理解，给予自主表达的空间，引领思维的多元化。

编制评分标准时，需要明确答案采分点的关键词和相应同类的表述。教师在评阅试卷时主要寻找采分点的关键词，但不是"字面匹配"，而是"意义匹配"，在保证实质性正确的前提下，赋予其应得的分数。

【例20】五年级上册　阅读理解

(二) 生命的感动

　　早在两三岁的时候，儿子就从他奶奶那里得知他是从妈妈肚子里生出来的，还看见了妈妈肚子上那一条像蜈蚣似的吓人的疤痕。直到偶尔有一天从电视上看到做手术的真实场面时，他用他的小手把我的头从电视上扭转过来，很郑重地问我："妈妈，你生我的时候肯定流了很多血吧?"

　　"嗯。"

　　"有多少你跟我说嘛。"

　　"好几大碗呢!"我只想尽快地把他搪塞过去，"喏，像电视里的那么多。"其实，电视里只是血淋淋的，并没显示有多少。

　　"到底有几大碗?"儿子一脸认真地问。

　　这下倒把我给难住了，说好几大碗本来就夸大其词，说一两碗就等于自己砸自己的脚。我只有含含糊糊地说："我也记不清了，当时我都疼晕过去了。"

　　"晕了几天?"

　　"七天。"我脱口而出，显然不符合事实，我赶紧更正补充说："晕了整整一天一夜，接着就发高烧，躺在医院病床上整整打了三天吊针，一瓶接一瓶的，七天刀口才拆线，在医院住了十多天才回到家。"

　　儿子低垂着眼帘，很显然他在细细地咀嚼我那并不夸大的事实，但略显得有些夸张的表情和语气。

　　我的眼光还没来得及停留在电视机屏幕上，儿子的一双小手又把我的脸扭转过来，目光中满是坚定，一字一句地说："妈妈，我以后再也不烦你了!"

　　心似乎被谁提了一下，我已泪眼模糊。

1. 从文中找到表现儿子神情变化的词语写下来。

	⇨		⇨ 低垂着眼帘 ⇨

2. 加点词语"咀嚼"在字典中有以下解释: ①用牙齿磨碎食物。②比

喻对事物反复体会。在本文中应选择第_____种解释；请你用它的另一种含义写一句话：_____

3. 根据短文内容，完成以下练习。

（1）对"妈妈，我以后再也不烦你了！"这句话，理解正确的是（　　）

A.儿子生妈妈的气

B.儿子体会到妈妈生孩子的艰辛，变得懂事起来

C.儿子要离开妈妈了，让妈妈放心

D.为了哄妈妈高兴，孩子故意说的

（2）对题目"生命的感动"理解完全正确的是（　　）

A.了解到出生过程的艰辛，儿子很感动

B.生命因爱而感动，我们要懂得感恩，学会回报

C.儿子对待这个问题的行为和态度，让妈妈感动

D.以上都是

4. 文章结尾处写道："心似乎被谁提了一下，我已泪眼模糊。"此时，妈妈会想：_____

_____

_____

【简析】最后一题考查学生联系文章和生活实际谈感受。在制定评分标准和答案时，考虑到学情，对标准进行分层设计，从不同层面进行描述，给出关键词和要点，鼓励多元化、个性化理解。除此之外，主观性表达的答案描述也较具体，体现出实用性和可操作性。

第六节　评价结果的分析与反馈

评价检测的结果是学生、家长、老师都特别关注的问题，如何在检测后总结经验，在总结中不断提高学生成绩，提升教学质量，是当下每个老师都应该注意的问题。对于评价检测的结果，做好分析与反馈，使学生和教师都能做到知己知彼、百战不殆。

一、评价结果的分析

（一）评价结果分析的意义

（1）对本学科教与学的效果进行分析和判断，发现教与学方面存在的问题，提出改进教学的意见和建议，不断提高教学质量。

（2）通过对试卷质量做出科学鉴定和总结，检测试卷能否真正达到考核目的，命题是否与人才培养目标及课程的要求相符合。进一步揭示本学科未来检测的重点和方向。

（3）便于学校和教育主管部门全面掌握教风、学风和教学质量的现状。

（二）评价结果分析的形式

（1）集体分析。这种分析形式一般由教师带领学生在课堂完成，以课堂讲解为表现形式。教师对评价结果进行分析，总结得失，并提取典型问题进行分析、研究，通过集中讲解，延伸知识点、拓宽学生的知识面。

（2）数据分析。借助信息技术手段，收集、采集样本结果，进行精准的数据化分析。通过正确率、优秀率等数据分析，研判学生整体学习状况，整体反映学生的学习状态和学习水平。同时，关注试卷主观题不同层次学生答题的态度、描述严谨度、情感表达等。

二、评价结果的反馈

（一）评价结果反馈的形式

（1）小范围群体——纸质试卷。对于学生个人、班级，评价结果的反馈往往是可视化的纸质试卷。这样的反馈形式能让学生、家长、科任教师直观地看到作答的过程、评价的结果，进而对评价过程进行全方位的回忆、反思和修正。

（2）区域性总体——数据报告。对于年级、学校甚至是行政区、市这样的区域性总体，评价结果以数据报告为主要呈现方式。这样的反馈形式具有概括性的特点。借助信息化手段（报告）呈现结果。借助大数据的统计，通过对试卷抽样分析、存档，以表格或图表的方式呈现数据，最终形成数据报告。这样的反馈形式更加直观、精准、有针对性，可减少反馈带来的直接刺激，减轻压力，私密性也更强。

（二）评价结果反馈的途径

（1）师—生。教师向学生直接反馈结果，这种反馈往往和常规教学相结合，由教师组织学生对检测结果进行集中反馈。反馈过程中，教师要引导学生对学科成绩有一个总的审视，让学生对于自己得分和丢分的情况进行认真的审查、总结，帮助学生找到努力方向，并建立起信心。教师给出可操作的帮助和具体的指导，指导学生用科学有效的学习方法查漏补缺、自我提升，并养成良好的学习习惯。

（2）师—家长。教师向家长反馈评价结果，通过反馈，让家长了解学生在学科学习上的具体表现，知道优势、不足和努力方向。更要通过反馈，让家长了解平时的教学内容、过程和方法，了解命题意图和方向，以便明确辅导方向。

（3）校—师。学校向平行班级教师反馈评价结果，对评价过程中的得失分情况做详细的统计分析，对平行班级做横向和纵向的对比，甚至与预期的结果互相对照。通过对评价结果的分析，让教师了解所带班级与平行班级之间存在的差距，进而认真地研究、反思，剖析自己在教学方法、教学内容、教学重难点、教学进度等方面存在的问题，及时调整，扎扎实实地做好教学工作。这样的反馈有利于促进班级间的交流，减少教学差距，也便于学校整体掌握教学水平，及时调控，确保教学质量的均衡和提升。

（4）借助大数据生成学生个性化检测报告。利用信息技术手段，收集、采集学生测试结果，对结果进行精准的数据化分析，精确到小题的得分优势、不足之处以及提出改进方法。针对学生个体，形成更加准确细致、个性化的检测报告。

（三）评价结果的使用

（1）作为过程性评价的资料（单元检测）。在教育过程中，过程性评价属于进行性评价，不同于传统教学终结性评价的方式，它更能够满足学生个性化发展的需求。阶段评价结果（单元检测）作为学生一段时间内学习成果的集中体现，是对学生进行过程性评价的重要资料，改变了一张试卷决定命运的局面，使得对学生个体的评价更加全面、客观，更加科学。

（2）作为学生总结学习效果，进行自我提升、记录成长的资料。学生通过将评价结果归类、整理，可以检验自己对所学课程知识的掌握程度，总结经验教训，有利于复习、巩固和提高。梳理总结的过程本身也是锻炼思维的过程，有利于提高学习能力。合理利用评价结果，让它成为学生进行自我提升、记录成长的重要资料，发挥最大价值。

（3）作为教师开展教学研究的重要参考。评价结果可以作为教师开展教学研究的重要参考。教师通过对评价结果的分析与研究，有利于增强对命题方向的理解和把握，对存在问题设计更有针对性的解决办法，为今后提高教学水平，改进教学方法提供有效的途径。

第四章　六大版块命题策略探讨

纵观当前小学语文试卷命制的情况，还有相当部分学校的试卷仍拘泥于传统的命制方式，以记忆类考查为主，基础知识所占比例偏大，试题形式单一，在如何检测学生语言文字运用、阅读能力方面重视不够，更谈不上通过检测促进个性化思维与创新能力的培养。这种命制方式显然落后于形势的发展，尤其是在贯彻落实核心素养的今天，面对国际阅读素养测试（PISA 和 PIRLS）的影响，面对部编版教材的使用，面对高考、中考改革，小学语文命题不进行改革难以适应形势的发展。一份好的语文试卷，应该对考查目标、内容、结构、资源等素材进行整体规划，如各个版块应凸显什么样的主题？字词句篇、语修逻文，应以什么样的载体呈现？知识、思维、审美、文化该以什么样的材料附着？命题者对整张试卷所要凸显的价值、意义、目标、情感和文化品位，都要精心选材、深度整合，让学生感受到考试就是一次全方位的智慧开启和精神遇见的过程，这样的命题既有利于考查素养，又有利于濡染素养，从而实现"教—学—评"一体化，提高语文评价的品质。基于此，小学语文学科考试命题必须符合新课程标准，关注学生知识与技能、过程与方法、情感态度与价值观的发展，必须体现"依托文本，放眼生活，加强整合"的理念，做到全面了解学生学习语文的状况，激发学生学习语文的积极性，有效地促进学生语文核心素养的提升。

从"双向细目表"来看命题的整体设计和试卷质量，"双向细目表"是一种考查目标能力和考查内容知识之间的列联表。它有三个基本要素：考查内容、考查目标和考查目标与考查内容的比例，亦称"权重"。一般情况下，细目表纵向列出的是考查内容，横向列出的是要考查的语文能力，而且命题时每个题目均与表中某项考查目标和内容相对应。因此，利用双向细目表可以使命题者更加明确地把握试卷的目的，明确测试的内容，提高命题的效率与质量。

通过这些年的探索与实践，我们认为双向细目表是解决当前小学语文命题存在问题的行之有效的方法，它既可以使命题有据可依，又可以使评价更有实效。

表4-1是一份四年级语文评价的"双向细目表"。从表中可以看出，试卷题型分为主观题和客观题；能级考查分为了解、理解、掌握运用、分析与评价；从题量和权重来看，阅读理解是重点。整张试卷分为听力测试、基础知识、积累与运用、阅读理解、语文与生活、习作与表达六大版块。

表4-1　合肥市学业评价改革小学四年级语文双向细目表

大题序号	题型	小题序号	覆盖的知识点	能级				题型	分值
				了解	理解	掌握运用	分析与评价		
一	基础知识	1	运用水笔规范工整书写汉字			●		客观	3
	基础知识	2	根据词语填写字词		●			客观	12
	基础知识	3	同音字、多音字、近义词辨析			●		客观	8
	基础知识	4	学会写比喻句,使用简单关联词,积累名言			●		主观	9
二	积累与运用	5	填写歇后语	●				客观	6
	积累与运用	6	记背本册教材和课程标准规定的诗句			●		客观	6
	积累与运用	7	积累俗语、名言		●			主观	6
三	阅读理解	8	反问句改为陈述句的转化方法				●	主观	3
	阅读理解	9	对段落中心内容的正确把握	●				主观	1
	阅读理解	10	对一段文字提取信息并加以概括		●	●		主观	2
	阅读理解	11	联系上下文,理解词语意思		●		●	主观	2
	阅读理解	12	从文本中提取信息				●	主观	3
	阅读理解	13	对文本中心思想的理解				●	主观	3
	阅读理解	14	用简要语言表达阅读感受或观点				●	主观	3

续　表

大题序号	题型	小题序号	覆盖的知识点	了解	理解	掌握运用	分析与评价	题型	分值
						能级			
四	语文与生活	15	读懂非连续性文本核心内容，并正确操作			●		客观	2
	语文与生活	16	借助非连续性文本解决生活问题				●	主观	3
	语文与生活	17	关注非连续性文本中的细节提示				●	主观	3
五	习作与表述	18	根据提示和要求，联系生活，组织素材，规范表达，能正确使用标点符号			●		主观	25

命题应遵循以下基本要求：

（1）以落实语文核心素养为导向，注重立德树人，突出语言建构与运用，融入审美教育、思维训练和文化传承。应努力使测试内容体现核心素养的要求，"注意知识与能力、过程与方法、情感态度与价值观的交融与整合"，使测试过程成为提高学生语文核心素养的过程。

（2）以语文课程标准为坐标，明确目标定位，严格做到勿超勿降。在各种形式的质量检测中，要真正落实以课程标准为准绳，这样才有助于进一步落实课程标准精神，使教学方向更为明确，目标更为准确。

（3）以语文要素的落实为重点，发挥导学功能，力求促进能力发展。以语文要素与人文主题为主线安排教材是部编版教材的一大亮点，语文要素也是对课程标准要求的细化。新时期的小学语文测试题目命制一定要紧紧围绕着语文要素，突出学习能力、习惯的检测，以促进语文教学改革与学生素养的提高。

（4）评价工具要与学生实际表现相吻合，客观反映学生学习状况，难易适中。各种检测都要注意发挥测试的检查、诊断、反馈、激励等功能，"全面反映学生的语文学习的状态和水平"，以促进学生的发展。

第一节　听力命题策略探讨

　　听力测试是2019年6月开始在合肥市小学生绿色指标评价测试中增加的新项目。《关于本次小学四、五年级语文测试增加听力检测项目的说明》中强调了听力考查的背景：语文和英语一样，都是语言类课程。小学语文作为母语课程，让学生从小学会母语、用好母语、热爱母语，至关重要。新修订的语文课程标准明确提到，"要大力提高学生语文能力，全面增强学生语文素养。"在语文能力方面，主要指的是"听、说、读、写、思"五大能力。由于条件的限制，一般的试卷评价都集中在"读、写、思"能力考查上，而"听、说"能力的考查主要通过平时课堂中的观察、了解，缺乏统一规范和可操作性。所以，在学生学业水平集中测试中，"听、说"能力的检测一直是空白，这也是语文评价研究亟须解决的重要课题。

　　本次小学语文测试中安排听力检测项目是借助英语听力检测的经验，是语文测试的一次改革和尝试，旨在通过这种考查项目，引导教师在平时教学中要关注学生语言听记的训练，从小培养倾听的习惯，逐步形成会听、善听的能力。

　　语文教学是"听说读写"全面发展的综合艺术。教育心理学研究表明，人们在生活中的语言交往，"听"占45%，"说"占30%，"读"占16%，"写"占9%。由此可见，"听"是四者中的首要能力。语文听力训练和测试，有利于提高学生思维能力，培养听辨力、听记力、听解力和听评力等各种"听"的能力，全面培养学生的语文综合素养。

一、命题理路概述

（一）命题依据

　　《义务教育语文课程标准（2022年版）》在"表达与交流"的目标与内容中对不同学段学生"听"的能力有不同要求。其中，第一学段（1—2

年级）：能认真听他人讲话，努力了解讲话的主要内容。听故事、看影视作品，能复述大意和自己感兴趣的情节。第二学段（3—4年级）：能用普通话交谈，学会认真倾听，听人说话时能把握主要内容，并能简要转述。第三学段（5—6年级）：听人说话认真、耐心，能抓住要点，并能简要转述。由此足见"听"在语文教学中的重要性，要引导教师进一步思考，应采取何种策略培养学生听力，合理考核评价学生听力水平，改进教学措施，实现教、练、评一致。

（二）素材来源

听力素材的选择和难度设计应从最基础做起，听力材料或来自生活，或来自课本，学生都很熟悉。考查方向主要是提取材料中的关键信息，并能理解其中的意思。也就是说，让学生说一说从中听懂了什么，根据不同学龄段的认知特点，科学选取测试材料，体现考查的层次性。

二、题目设计要领

听力测试的题型有多种。首先，问题的呈现不受学生阅读能力的影响，基本上是听力技能的测试而不是其他语言技能。其次，利用图片的方法设计问题更接近日常生活中语言的使用情景，利于学生活学活用。小学听力测试的题型主要有选择、排序、连线、判断及填空等。

题目类型设计是听一段材料，依据材料完成题目，材料读两遍，题目根据材料内容设计。此次小学四、五年级听力检测部分分值占比都很小（3%左右），对学生的整体成绩影响甚微。学生逐渐适应这种检测方式的时候，再稍微加大分值比例。

第一学段：学生注意力集中性与稳定性相对较差，识字量少，阅读面窄，对语言的敏感度较低，具象思维发达。因此，选择的测试材料切忌内容过多，而应兼顾形象性与趣味性。如简单的生活对话、儿童喜闻乐见的寓言童话，加以图片辅助的句子都是比较好的选择。

【例1】听句子，在听到的图片下打"√"。

听力内容：姐姐正在晾晒毛巾。

（　　）　（　　）　（　　）　（　　）

【例2】听歌曲，完成听力检测。

歌曲：《月儿弯弯像小船》

弯弯的月儿像小船

月亮弯弯像小船

我要划船去台湾哟

看看美丽的日月潭

还有雄伟的阿里山

哪呀依呀嗨哟 依呀哪呀嗨哟

大陆台湾小朋友

唱歌跳舞大团圆哟

弯弯的月儿像小船

我要划船去台湾哟

看看美丽的日月潭

还有雄伟的阿里山

哪呀依呀嗨哟 依呀哪呀嗨哟

大陆台湾小朋友

唱歌跳舞大团圆哟

1.歌曲中的小朋友想乘坐什么交通工具去旅行?（　　）

A. 　　B. 　　C.

2.歌曲中提到的著名景点阿里山和日月潭在什么地方？（　　）

A.香港　　　　B.澳门　　　　C.台湾

【简析】这类题目适合以形象思维为主的低年级学生，有助于培养他们的听注力和联想力。同时例2体现了跨学科融合，在听辨儿歌中进行听力考查，增加了测评的趣味性。

第二学段：学生的注意力指向性较强，识字量和阅读面有所扩展，逻辑思维能力与语言的敏感度有较大进步。因此，材料的选择要含有一定的话语逻辑、情感态度判断，学生不仅要听懂，还要抓住重点，感知重点词或中心词。如可以选择带有情境的生活对话等。

第三学段：学生注意力相对集中，语言敏感度、逻辑思维能力及求知欲逐渐增强。因此，材料的选择需要学生在听的同时提取关键信息，进行分析推理。如可以选择贴近生活的交际对话、新发明新创造的说明文等，还可以将新闻联播、音乐等融入题中，设置一些情境干扰，增加考查的难度。

三、命题常见误区辨析

（一）内容脱离听力范畴

长期以来语文教师对听力测试了解甚少，大部分仍停留在"听力=听写"的阶段，命题时经常出现听写词句或词语运用。

【例3】冲破层层阻挠，钱学森终于踏上了回国的旅程，他（　　）得热泪盈眶。

A.机动　　　B.激动

【简析】这类题目主要考查学生在具体语境中理解和运用词语的能力，并不需要以听力的形式来测试。

（二）考查内容单一，只考查听记力

语文的听力包括听记力、听辨力、听解力和听评力等多种能力，但命

题者经常将听记力等同于听力，在命题中对听记力的考查占了很大比例。

【例4】听力材料：我国最大的瀑布是黄果树瀑布，它在我国西南部贵州高原的白水河上。黄果树瀑布宽二十多米，水势汹涌澎湃，瀑布从六七十米高的陡崖上直泻下来，水花激溅，就像万马奔腾；宽阔巨大的水帘，拍石击水，发出轰轰巨响，好似雷劈山崩，叫人惊心动魄。

瀑布从高处泻落，成年累月，冲击成一个深潭，潭水碧绿，传说曾经有犀牛从潭中登岸，因而起名叫"犀牛潭"。瀑布直泻潭中，激起的水珠高达一百多米，仿佛云雾笼罩，在阳光照射下，云雾中便出现了美丽的彩虹，与白茫茫的瀑布交相辉映，景色无比壮丽。

根据听力内容进行判断：对的打"√"，错的打"×"。

（1）我国最大的瀑布不是黄果树瀑布，它在我国西北部贵州高原的白水河上。 （　　）

（2）瀑布从高处泻落，成年累月，冲击成一个深潭，起名叫"犀牛潭"。 （　　）

（3）瀑布直泻潭中，激起的水珠高达一百米，仿佛云雾笼罩。（　　）

【简析】此题在问题的设置上只是考查听记力，没有设计信息、整合、推理判断、情感分析等方面的题目，内容单一导致听力评价不全面。此外，题型不宜出现太多判断题，判断题的局限性是学生容易猜测，不能准确地进行评价。

（三）忽略不同学段的认知特点

从生理上看，不同年龄段的学生，听觉时长、听敏度不一样。从心理上看，注意力、记忆力和思维力随着年龄增长而提升。因此，命题时要考虑学生认知特点，应清醒认识到，听力考查是音频材料，完全用听觉去辨识，不能把听力训练等同于阅读理解。

【例5】听力材料：爷爷的书房里挂着一张条幅，上面写着"煮书"两个苍劲有力的大字。我感到很奇怪：书只能读，怎么可以煮呢？我指着条幅问爷爷："书怎么可以煮呢？书放在锅里煮，不是要煮坏了吗？"爷爷笑着说："书是精神食粮嘛，既然是食粮，怎么就不能煮呢？煮熟了，吃下去才好消化吸收啊。"爷爷看我疑惑不解的样子，便接着说："你知道唐代大诗人杜甫吧，他小时候读书，就能反复诵读品味，非把书读熟读透不可。其实，这就是'煮书'。这样，他作起诗来就感到得心应手了。所以他说，'读书破万卷，下笔如有神。'"我们学习语文，对那些好的文章也应该这么"煮"，否则就很难把语文学好。

听短文，完成下列问题。

1. "煮书"指的是_____

2. 短文中提到唐代大诗人杜甫关于读书的诗句名言警句是：

_____

3. 听完短文后，你认为学语文时，应该怎么"煮书"？

_____

【简析】这是某四年级教辅资料中的一道听力题，听力材料的字数约260字，用正常语速读完需要2—3分钟，且考查内容选自更倾向于阅读理解的材料，对于学生倾听、理解来说，难度较大，题目设置偏离听力考查目的。如果学生听完之后再思考、答题直至完成本题，至少需要8分钟，对于一份90分钟的测试试卷，这道听力题是不妥的。

四、命题策略举要

（一）丰富内容和形式，体现科学性

一般认为听力是由敏锐的语言感受力、准确理解语义的能力、话语品评概括的能力和高度集中的注意力四大要素组成，在语文听力中主要表现为培养和考查听知记忆力（注意力）、听知理解力、听知辨析力和听知品评力四大能力。命题时需要丰富内容，全面评价。如设置连线题来考查听知记忆力；用学生比较陌生的成语故事来考查学生的理解力；还可以设置绘画题，同时考查听知记忆力和听知理解力，丰富命题内容和形式，有助于提高学生的兴趣和专注度，使评价更全面、科学。

（二）遵从口语化原则，体现情境性

所谓口语化就是在设计听力试题时，选材要符合小学生的生活实际。让学生听的内容就是小学生身边的事或人，是他们熟悉的生活。这样，他们就不会因内容与他们的生活有距离而没有兴趣听，或是不理解听力材料的内容；其次，听力材料要有口语特点，语句简短，用词口语化，力求用简单的词句来传递信息，尽量不要用书面语作为听力的材料，更不能出现生僻难懂的语言。

（三）合理设置题量和时间，体现层次性

听力测试的内容在小学阶段可分为三个层次：关键词理解、句子理解、语段篇理解。不同年龄段的学生，听觉时长、听敏度不一样。从心理学角度看，注意力、记忆力和思维力随着年龄增长而提升。因此，命题时要考虑学生的认知和接受能力。

针对不同学段的学生注意力、思维方式的特点，综合考虑卷面整体题量及分值设置为低中年级段2—3题，高年级段3—4题。听力时间上，低年级段不超过1分钟，中高年级段不超过3分钟，超出此范围，学生容易产生听觉疲劳，注意力和听敏度下降。所以，通常测试中，会安排听两遍，增加听知准确性。分值为5分以内（百分制试卷）。

五、听力测试及评价的操作方法

现代教育思想既注重学习结果，又注重学习过程。因此小学语文听力测试的评价应按照课程标准的要求，以形成性评价为主，结合终结性评价，采取等级制全面客观地评价学生成绩。

（一）形成性听力测试操作方法

形成性听力测试通过平时对学生听力能力的评价，对学生听力能力的提高起着激励和导向的作用。教师可以在平时课堂教学的某个环节中设置

听力测试题来评价学生，采取学生自评、互评、教师小结等方式给学生评价和指导，使学生参与评价的全过程，学生从被动转向主动，体现学生的主体性地位。

（二）终结性听力测试操作方法

终结性听力测试指在学期末对学生的听力进行综合评估，宜采用等级制。另外，可发挥社会与家长的教育合力作用，评价中增加家长的意见，这是评价改革实施中的一种创新，具有一定的积极作用。

第二节　基础知识命题策略探讨

传统的小学语文试卷命题，比较重视基础知识的考查，强调考查的覆盖面，力求能从面上检测学生对各项基础知识的掌握情况，但过于偏重记忆的检测，忽视能力的考查，容易导致平时学习的死记硬背，尤其是对课文内容的检测，更是停留在学生对课文的理解与记忆上。当下的命题，必须在坚持覆盖面大，注重基础知识这些优良传统的同时，从单纯考查记忆的圈子中跳出来。既要考查学生掌握语文基本知识的状况，更要从运用的角度检测学生的实际能力。语文考试命题要坚持立足文本、夯实基础的价值追求，这对于正确把握语文课程工具性与人文性统一的基本特点，防止语文教学"学科缺位""双基丢失"，在平时的教学中落实语文的本体有着积极的引导作用。以前基础知识的测试比较直白，比如说，看拼音写词语，根据课文内容填空等，侧重于记忆性的检测。从近年来的试卷不难看出，基础知识侧重在语境中考查，这样不仅考查了学生基础知识的理解与积累，更考查学生对基础知识的灵活运用的能力，体现知识向素养的转化。

一、命题理路概述

（一）基于课标，体现学习阶段性

强调课程标准的指导性。课程标准是我们教学的指南，也是命题的重要依据。"教—学—评"要做到良性互动，一体化发展，就必须突出课程标准在教学与评价中的正确导向作用。所以，命题者在命题前要重温课标要求，以课标为准绳，紧扣课标的要求，不能随意拔高要求，防止盲目、过度、超标的考试。

力戒一味地追求"难""深""繁""偏"。学科评价对教学具有导向性，命题者的随意、任意，必然导致广大教师教学上的盲目与片面，甚至加重学生的学业负担。课程标准提供了"识字与写字"的学段学习目标、学习内容、实施教学建议和评价建议，并在附录表5中列出了常用字表。其中，第一学段（1—2年级）"目标与内容"部分对"识字与写字"的内容都做了具体要求。

（二）基于教材，体现"教""评"一致性

语文教材是学生学习和积累字词的重要渠道，字词积累试题的命制必然不能脱离教材所学的字词，尤其是平时的检测性考试。作为不同学段的测试，命题不能超越本学段教材所涉及的字词，主要以本册书中生字表和词语表中出现的生字词考查为主。

二、题目设计要领

（一）依标扣本，突显基础性考查

所考查的字词来源于教科书，并且是日常生活中常用词，高频词，具有稳定性和典型性。重点考查学生易混淆、易写错的字词，如同音字、形近字、易错字等；多音字不独立考查字形；不考查生僻的字词。词语的考

查，应选择生活学习中常用的、富有生命力的词汇。在具体语境中无歧义，词形结构无异议。

【例6】下列词语中，读音或字形全部正确的一组是（　　　）

A.平衡（héng）　　　脸颊（jiá）　　　　　痕（hén）迹

B.间（jiàn）隔　　　大模（mó）大样　　　身着（zhuó）短甲

C.金碧辉煌　　　归根到底　　　　山洪爆发

D.不可思议　　　筋疲力尽　　　　精神大震

【例7】

（1）下面词语填入句子中最恰当的一组是（　　　）。

老师和同学们都_____王燕是个全面发展的好学生，但是她很谦虚，从来不_____自己。

A.夸奖　夸口　　B.夸赞　夸大　　C.夸耀　夸大　　D.夸赞　夸耀

【简析】例6的命题，避免了单一地考查字音、字形，而是把"词语盘点"中容易读错、写错的词语集中在一起，综合考查多音字、形近字、同音字等，学生答题时有一个回忆、比较、辨别的思考过程，考查多方面的能力。例7将近义词的辨析与理解放在具体的语境中考查，更体现语文的实践性。

（二）体现试题情境性

"培养学生理解和运用祖国的语言文字的能力"是语文教育的主要任务，也是语文教育的逻辑起点和学科基点。基于此，字词积累的考查，重点不是考查学生能否记住字词的写法和准确释义，而是考查学生在一定的语言环境中能否理解词语、运用词语，应避免考查学生死记硬背的能力。试题不能指向静态的考查，而应放在具体的语言环境之中，选取生活化的情境进行考查；应侧重于考查学生在具体语境中正确、恰当地运用字词的能力，而不是考查机械的记忆，强调的是在最真实的运用状态中考查学生的语言文字运用能力，因此，语境的设置显得尤为重要。近几年，合肥市小学语文绿色评价测试基础知识的考查趋势有了明显的转变：从识写生字走向语境运用，任何语言文字的理解与运用都必须依托一个相对完整而真实的语言环境；从零散琐碎的语言知识考查走向整合重构的综合运用；从关注结果走向关注学习的过程。

【例8】

3.读一读，根据拼音，在括号里正确填写词语。

读一本好书，就像交了一位忠实的伙伴。他能在你孤独时，给予péi bàn（　　）；在你lǎn duò（　　）时，送上dīng zhǔ（　　）；在你困惑时，给你qǐ dí（　　）……

【简析】此题利用看拼音写词语，结合本册教材高频出现的词语，重组成一段话。这样既考查了学生字词的掌握程度，又在答题的过程中领略了读书的精彩与好处。

【例9】

6.请仔细阅读下面的语段，按要求完成句子练习。

①芦花鞋的制作工序是：先将上等的芦花采回来，然后将它们均匀地搓进草绳里，再编织成鞋。②那鞋很厚实，象温暖又暖和的鸟窝。③卖掉它们得到的钱，相当于<u>全家好几个月的收入</u>。

（1）请仿照句①的写法，用连续动作将下面的句子写具体。

妹妹植树：_____

（2）用修改符号修改下面的句子。（一处错别字，一处语病）

②那鞋很厚实，象温暖又暖和的鸟窝。

（3）仿照句③将下面的句子补充完整。

白杨树很高，相当于_____

【例10】

1.阅读语段，完成相关练习。

<u>转眼间，一年一度的毕业季到来了。</u>六年的小学时光匆匆liú shì（　　），让我们bǐ cǐ（　　）道一声珍重。临别之际，老师想提醒大家，要dǐ yù（　　）网络游戏的诱惑，以书为友，就能经受种种yán jùn（　　）的考验。老师还希望大家记住，任何lǐng yù（　　）有所建树的

人，都善于从司空见贯的现象中发现问题，具有 jiàn wēi zhī zhù（　　　）的能力。最后，希望大家面对 jī yù（　　　），不要徘徊（huí huái），锲而不舍（qiè qì）地去追梦吧！

（1）根据拼音，在（　　）写词语。

（2）语段中有两处错别字，圈出来并依次在下面横线上写出正确的字。

_____

（3）用"√"给语段中加点字选择正确的读音。

（4）语段中画横线的句子和下面哪句话使用的修辞手法相同？

（　　　）

A.威尼斯的小艇宛如挂在天边的新月

B.花生仁脱了它的红外套，这是不消说的事

C.哥哥巴掌大的房间到处都是书

D.聪明在于学习，天才在于积累

（5）读了上面的语段，你一定感受到老师的殷切期望，请你也写一写给老师的临别赠言，表达祝福或感恩之情，注意格式规范，书写工整、正确，力求美观。

敬爱的老师：

_____

_____

学生：王华

【简析】例9将动词的片段练笔、病句修改以及句式仿写巧妙融为一体，在情境中考查，知识点更整合。例10是某区毕业考试试卷，整张试卷的基础知识考查形成一个大情境，同时创设若干个小情境，对不同知识点的考查内容如字词书写、修辞手法运用、书写检测、临别赠言等进行巧妙的串联与整合，形成一个"情境链"。让学生在"情境链"中学会运用语言文字进行表达与交流，发展学科思维。

（三）选择典型知识点，体现试题的导向性

基础知识的命题应具有多重功能。试题在考查学生基础知识掌握情况的同时，应在学生的语言积累和语感培养上起到引导作用。如试题设计应着眼于对学生运用已有语文知识解决问题的思维方法的引导，而不是单纯地考查语文知识的简单再现和重复；试题应在开放性及灵活性上多下功夫，尽量摒弃简单呈现的"默写填空"形式，以避免学生通过短时记忆来应对，基础知识积累应注重常态化和"滚雪球式"积累，而非短时的集中强化记忆。

【例11】

2.读句子，给画线部分选择意思相近的词语，并将序号填写至句后括号内。

A.直言不讳　B.望眼欲穿　C.精打细算　D.饮水思源　E.得过且过

①张奶奶家虽然收入不高，但她一块钱掰成两半花，生活过得还算不错。（　　）

②快过年了，爷爷奶奶盼星星盼月亮地盼着我们能早点回家团圆。（　　）

③还是打开天窗说亮话吧，这件事大家迟早是要知道的。（　　）

④老师告诉我们：要做一个勤奋努力的人，千万不能做一天和尚撞一天钟。（　　）

【例12】

9.请根据中国四大古典名著的故事内容，把下面表格填写完整。

经典故事	主要人物	人物形象	出处
《草船借箭》	诸葛亮		《三国演义》
《三打白骨精》		嫉恶如仇	《西游记》
《黛玉葬花》	林黛玉		
《倒拔垂杨柳》		力大无穷	

【简析】例11将本册书中需要掌握的词语意思采取逆向考查，降低难

度,俗语的运用置于语境中,考查学生是否能够在理解的基础上运用。例12则是教材中需要掌握的四大名著的主要人物及其形象和出处,所有知识点均来源于教材中需要掌握的重点。

(四)瞻前顾后,体现整合性

命题者要树立拓宽知识要点空间的意识,全面梳理教材,明确教材在识字与写字、阅读、习作、口语交际和综合性学习五个领域的学习目标,保证在有限的卷面容量中,根据学习目标合理分布知识点,紧密融合课内外知识,做到覆盖面广,重点突出,难点合理。可以涉及字音、字形、字义、标点符号、根据语境作选择等方面知识,综合检测学生字词句的辨析能力和运用能力。

【例13】按查字典的要求填空。

在课外书中,读到"提起鼎,人们首先想到的是国之象征与礼乐重器"。其中有"鼎"字不认识,我可以用_____查字法,先查_____部,再查_____画。"鼎"在字典中的注释如下:

鼎 dǐng①古代煮东西用的器物,一般是三足两耳。[鼎立]三方并立:三国~。②大(叠):~力|~~大名。③<方>锅:~间(厨房)。④正当,正在:~盛。

句子中的"鼎"应选第_____种解释。"鼎鼎大名"的"鼎"应选第_____种解释。"鼎盛时代"的"鼎"应选第_____种解释。

【简析】该题包含了对汉字音、形、义的综合检测。呈现字典中的选项,真实考查学生对工具书的运用能力,改变了凭借记忆和经验来答题的状况。避免一题只考查一种知识和能力,在试题中注入多元的考查功能,扩大试题的信息量和考查范围,对学生的识字情况进行综合检测。

三、命题常见误区辨析

（一）脱离语境，题型机械

【例14】三、读拼音，写词语。

yí piàn	liǎng gè	nǎ lǐ	kuān dà
⊞⊞	⊞⊞	⊞⊞	⊞⊞

dù pí	gěi lì	biàn huà	dài lái
⊞⊞	⊞⊞	⊞⊞	⊞⊞

【简析】以上"看拼音，写词语"是传统的考查学生基础字词掌握情况的题型，考查形式单一，突出的是机械性记忆，枯燥无味。在语境中考查成为当下语文测评转型的方向，考试、测评题目应以具体的情境为载体，以典型任务为主要内容。对于小学生而言，情境化命题贴近他们的生活经验，能充分激发他们的兴趣；对于教师而言，情境化命题可以有效地考查学生在具体情境中运用语言文字、分析解决问题的能力与素养。

（二）脱离教材，开放无度

【例15】句式训练。

1.为人类造福，有什么错？（改为反问句）

2.妈妈回到家。妈妈赶紧做饭。（用合适的关联词把两句话合并成一句话）

3.风把我的伞刮走了。（改为"被"字句）

【简析】句式训练是在各个学段的单元测试或期末的综合评价中都会出现的题型，上题是某教辅五年级期末试卷中的句式训练，很明显这是凑数题，因为命题者没有认真研读教材，关注五年级教材中重点训练的句式。知识点的考查要紧扣教材的课后习题与语文园地中所出现的内容。部编版教材除了在语文要素中含有一些语文知识外，大量的语文知识是散落在各篇课文的课后作业以及语文园地之中。编者虽不刻意追求完整的语文知识体系，但在安排语文知识时还是注意到了学生的认知水平，兼顾了方方面面。语文知识检测必须根据各年级课文后面的习题与语文园地中所出现的知识进行，系统检测语文知识的掌握情况，做到目标明确、有序安排。

（三）忽视了语境的文意价值

【例16】

二、读拼音，写字词。

1.他是县长的儿子，但从不 gǎo tè shū （　　　　）。大学毕业后他随着老 shī fu （　　　　）在基层 duàn liàn （　　　　），zòng shǐ （　　　　）有人笑他 shǎ （　　　　），他也不在意。

2.警察从 chuán cāng （　　　　）里走出来，miáo zhǔn （　　　　）歹徒的 xiōng táng （　　　　）当场击毙了他。目击者在旁边 nà hǎn （　　　　）："打得好！"这船上又 huī fù （　　　　）了先前的平静。

【简析】此题是某地区五年级期末测评中的一道题目，命题者为了体现在语境中考查字词，根据本册书中的生字词创编了相关语境，缺乏积极向上的价值导向。2022版课标在"学业水平"考试命题要求中强调"在命题材料和社会生活之间找到结合点，在学以致用的过程中展现正确的世界观、人生观、价值观"。基于真实情境的试题有利于触发学生思维，考查学生发现、诊断、解决真实问题的能力。试题研制要关注学生真实的成长轨迹。如六年级试卷设计关于18岁少年成人礼的诗句选填题，设计了与学生实际生活脱离的虚假情境，学生答题时会有违和感。而设计给爷爷祝寿的诗句积累题，则是基于学生成长轨迹的拟真情境，能激发学生的兴趣，学生会依据真实体验来答题。

（四）题型设置与教材编排意图缺乏关联

【例17】

（2）下列句子没有语病的一项是（ 　　 ）

A.为了防止疫情大规模扩散，各级政府都及时采取了有效措施。

B.太阳西沉，刺眼的阳光突然渐渐柔和下来。

C.能否坚持阅读，是提高写作水平的关键。

D.过去的往事深深印在我脑海里。

【简析】以选择题考查病句的掌握，反映出命题者缺乏教材整体观，未能领悟教材编排特点和意图——"用修改符号修改病句"。从三年级上册第三单元"语文园地"已经出现三种修改符号，要求学生"试着使用这些符号修改自己的习作"；三年级下册第四单元又出现两种修改符号，并出示整段话让学生修改其中的部分内容；到了四年级下册第六单元"语文园地""词句段运用"第一题：用学过的修改符号修改下面这段话；五年级下册"语文园地"展示叶圣陶修改中学生作文片段；六年级上册第七单元"语文园地"：读读说明书，把写得不清楚的地方画出来，再改一改。从整体看，修改符号的安排着眼点在于实用，主要考点在"学会使用修改符号"，主要形式应该是操作题。可相当多的命题者忽视了这个要求，从考点看，集中于单句；从形式看，直至六年级仍然用判断、选择的形式考查对病句的修改。这样的考查就落后于教材的要求，偏离于教材的导学意图。

四、命题策略举要

基础知识的考查不仅是评价学生语文学习字词句段的过程，也是体现学生学习能力的过程，更是学生经历又一个学习的过程，它能在一定程度上给予学生学习方法的指导，同时也有助于教师明确教学方向，把握教学目标，规范教学过程，提升教学效率。

（一）指向目标，导学有法

一份科学的试题一定能够体现本册教材中的重要目标，使"教、学、评"融为一体，为教师的日常教学提供方向。比如，对于课文要求掌握的字，人教版教材在编排时分为"会认字"和"会写字"，从三年级开始，在"语文园地"中分别编排了"读读记记"和"读读认认"。这两类字的学习要求是不一样的，"读读记记"部分要求掌握音、形、义；而"读读认认"部分只要求能够读正确，不要求书写。所以，基础部分看拼音写词语的测试如果出现了"读读认认"的词语，教师就认为这也是要写的，可能会要求每个学生都听写过关，无形中增加了学生的学习负担。试题的编制一定要基于课标，立足年段目标，为教师的课堂教学指明方向。

（二）直面问题，以评促学

近年来，汉字书写问题备受关注。汉字是承载中华民族文化的重要形式，青少年作为民族与国家的未来更应该认真学习汉文化、书写汉字。在教学中我们发现，一二年级的学生在田字格的帮助下能够把字写端正，但是到了中高年级离开了这个"拐棍"，部分学生的书写就渐渐变得不规范了，所以有必要将汉字书写纳入测试范围，这是一种正面导向。

【例18】

一、基础知识

1.请用钢笔正确、工整地抄写下面的句子。

"处处留心皆学问，三人同行有我师。"我们要通过多种渠道学语文。

————————————————————————————————。

【简析】本题是书写检测，重在引导学生注意句子抄写的格式，能够做到开始空两格，还要注意标点的格式，同时把字写正确，写端正。选用的都是经典名句，学生抄写的过程也是性情、态度、审美趣味养成的过程。命题中设计这样的抄写题，能够引起教师对书写质量的关注；对学生来说，也是一种学习的导向，会关注自己的书写是否正确、美观。各个年级的检测目标可以从写好一个词语、抄好一句话到设计一幅书法作品，循序渐进，螺旋上升，不断增强学生对祖国语言文字的热爱和对中华民族文化的理解。

第三节　积累与运用命题策略探讨

语文知识积累并不能等同于记忆。积累是新的认知结构的积极重建，而非知识的机械累加。积累重视"理解、感悟与运用"。积累语文知识的目的指向现实的运用，其主要价值在于在语文实践中得以运用，从而培养语文能力，形成语文素养。

一、命题理路概述

（一）命题依据

知识积累的命题应注重知识的典型性。一是要选择有价值的知识。语文学科的课程内容知识博大精深，小学阶段语文知识积累的考查应指向那些对学生的语文素养形成起到关键作用的有价值的知识，而非考查学生基础知识的全面性和系统性。二是要基于课标。该让学生掌握的一定要牢固掌握，同时命题不能仅指向考查的结果，还要结合试题本身的特点，赋予其一定的人文内涵，在考查学生对字词等基础知识掌握程度的同时，追求一种教育的价值功能，让语言与情感比翼齐飞。

（二）素材来源

"积累与运用"的命题内容在教材的基础上，适当地进行课外延伸拓展，还可以利用教材课后练习及语文园地中的知识点。

【例19】

6.选择题。

（1）下列人物和形象对应错误的一项是（　　　）

A.蔺相如——顾全大局　　　B.巴迪的父亲——刚愎自用

C.牛郎——勤劳善良　　　　D.海力布——舍己为人

（2）下列属于中国民间故事的是（　　　）

A.《列那狐的故事》　　　　B.《阿拉丁神灯》

C.《田螺姑娘》　　　　　　D.《长不大的牧羊人》

（3）下列句子出自《论语》的是（　　　）

A.学而不厌，诲人不倦　　　B.心既到矣，眼口岂不到乎

C.有志则断不甘为下流　　　D.居安思危，戒奢以俭

（4）下列作品与作者对应错误的一项是（　　　）

A.《少年中国说》——梁启超　　　B.《落花生》——许地山

C.《忆读书》——冰心　　　　　　D.《鸟的天堂》——老舍

7. 当我读书心不在焉时，老师提醒我"读书有三到，谓心到、_____、口到"；当我遇到问题时，爸爸告诉我"_____，不耻下问"。

二、题目设计要领

学生学习的终极目的不是占有多少知识，而是掌握学习的方法，习得学习能力。在命题时，教师应该努力体现学生答题的过程就是体现能力增长的过程，以此来进一步启发学生：知识不是僵化闲置的经验，而应该在不断积累、丰富的同时，准确地理解，并自觉把知识转化为学习的能力。

（一）突出在语境中进行考查

为了达到"广泛积累，重在运用"这一目标，试题命制时应注意创设语言情境，尽量与学生的实际生活相结合，让学生在具体的语言情境中答题。

【例20】李军同学在训练中，不听他人劝告一意孤行，吃了不少苦头。见此情景，你会用下列哪一句名言来劝告他？（　　　）

A.兼听则明，偏听则暗

B.独脚难行，孤掌难鸣

C.良药苦口利于病，忠言逆耳利于行

D.处处留心皆学问，三人同行有我师

【简析】学生要正确完成这道题，前提是真正理解选项中名言警句的意思；其次要结合提供的语境进行选择。这样的题目学生光靠死记硬背不一定能顺利完成，与直接默写或填空（出半句，填半句）的考题相比，此类题目指向运用的意识比较浓。

（二）重组内容，引导归类

课标在第二学段的语言积累目标中提出，要积累课文中优美的词语、精彩句段，以及在课外阅读和生活中获得语言材料。背诵优秀诗文50篇（段）。三、四年级的学生已经积累了不少的经典语料，但是这些知识都是以静态的方式储存在学生的头脑中，命题时应该依托一个相对完整而真实的语言环境，将这些知识的考核指向一条整体化、结构化的路径。如每个单元的语文园地中都有"日积月累"这一栏目的学习，对于这些不成体系的积累内容，命题时不能"单打独斗"地识记，不妨这样来命题：

【例21】

8.古诗园地。

（1）写出与下面诗句相关的游览胜地。

①欲穷千里目，更上一层楼。　　　　　　　　　　　　（　　　）

②接天莲叶无穷碧，映日荷花别样红。　　　　　　　　（　　　）

（2）根据下面的诗句写出相关的季节。

①千山鸟飞绝，万径人踪灭。　　　　　　　　　　　　（　　　）

②停车坐爱枫林晚，霜叶红于二月花。　　　　　　　　（　　　）

（3）不同的诗人笔下的月亮是不同的，表达的情感也不相同。在李白的眼里，月亮就像个白玉盘："_____，_____。"苏轼则感叹："人有悲欢离合，_____，_____。"而在张继的眼里，月光下的江枫和渔火都充满愁思："_____，_____。"

【简析】学生在平时的学习中，积累了不少经典的语段以及成语、古诗、名言警句、歇后语等，这些知识都是以静态的方式储存在学生的头脑中。对这些日积月累的语文知识的考查，应该从识记、理解、运用、分析、综合等多个维度进行评价，设计整合性试题，倡导综合运用。在对本册的重点诗句进行梳理的基础上，创设语境，考查学生对古诗词理解、运用，体现学习的灵活性和学以致用的教学导向。学生答题的过程就是搜索、调集和运用词句的过程，在发展学生语言能力的同时也发展了学生的思维能力。

【例22】黄河，是中华民族的摇篮；唐诗，是中华文化的瑰宝。下面四首诗都写了黄河，请你将诗句补充完整，说说你喜欢哪首诗中的黄河，为什么？

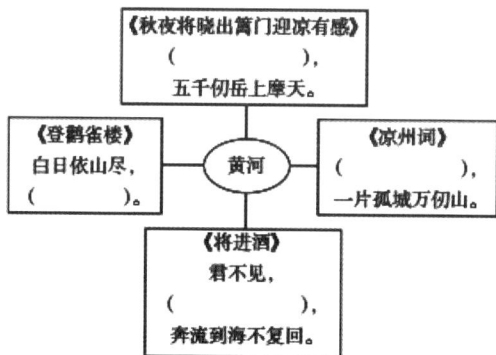

【简析】部编版教材增加了古诗文的数量，理解由浅入深，循序渐进地培养学生的古诗文鉴赏能力，发展其想象能力和创造能力，提高文化品位和审美情趣。本命题借鉴"中国诗词大会"中的"飞花令"，用"黄河"这一意象将四首诗整合在一起，创设了一个引发探究的问题情境。学生在积累古诗的基础上进行分析、比较、归纳、概括，建构新知识，产生新体验，发展逻辑思维和批判性思维，感受中华文化的魅力，增强文化自信。

（三）聚焦表达，迁移运用

语文教学要引导学生多读书、多积累，重视语言文字运用的实践，在实践中领悟文化的内涵和语文应用的规则。命题时多聚焦典型的、有价值的"范式"语言，即有独特表达方式的句子、段落，为学生提供标准的语言样板。

【例23】

1.照样子，写句子。

红红的枫叶像一枚枚邮票，飘哇飘哇，邮来了秋天的凉爽。

黄黄的银杏叶像＿＿＿＿＿＿＿＿＿。

2.照样子，把句子写具体。

我注意地看着，眼睛应接不暇，看清楚了这只，又错过了那只，看见了那只，另一只又飞起来了。

听说明天要去春游了，教室里一片沸腾，＿＿＿＿＿＿＿＿＿＿＿＿。

【简析】

第一题的句子选自三年级上册第11课《秋天的雨》，文中把秋雨比喻成生活中常见的东西，句子表达很有特色，让学生通过迁移仿写，内化语言，提高语言品质。

第二题的句子选自四年级上册第3课《鸟的天堂》，句子围绕"应接不暇"，把"我们"看得忙不迭的画面写具体了。学生通过迁移运用，体会这样的表达效果，在仿写运用中积累语言。

通过这样的考查，学生经历了一次语言实践运用的过程，答题的过程也是感知、实践、内化的学习过程，既关注到了学生已有的积累，又在理解的基础上实现了能力的提升。

（四）课内得法，课外阅读

统编版教材突出课标强调的特别"提倡少做题、多读书、好读书、读好书，读整本的书"，重视培养学生广泛的阅读兴趣，营造人人爱读书的良好氛围。命题时我们也应该打通课内与课外，从课内阅读入手，运用所学方法进行课外阅读。

【例24】跟随课文，我们欣赏外国名著，从课文中的主人公身上汲取正能量，我看到了＿＿＿＿＿的鲁滨逊，＿＿＿＿＿的汤姆，＿＿＿＿＿的尼尔斯。本学期，你一定读过一些外国名著吧，你印象最深的故事是＿＿＿＿＿。你对这个故事中主人公的评价是＿＿＿＿＿＿＿＿＿＿＿。

【简析】统编版教材编排了"快乐读书吧"栏目，向学生推介相关的读物。鼓励学生自主选择优秀的阅读材料，凸显了对课外阅读的指导。教师应该合理运用这一资源，开展各种课外阅读活动，命题时应该为学生提供展示读书成果的机会，更好地引导学生关注课内与课外的联系。

（五）链接生活，综合运用

语文课程是学生学习运用祖国语言文字的课程，学习资源和实践机会无处不在、无时不有。"积累与运用"的命题也不例外，要引导学生更多地关注社会，沟通课堂与生活的联系，启迪学生在生活中学习语文、运用语文，在试题载体的选择上力求体现"生活化"。

语文课程应该密切关注现代社会发展的需要，突出各学科之间的渗透交融，树立"大语文"学习观，培养"学用语文"的意识，点击生活现象，在对生活的感悟理解中，不断习得语言、积累语言、运用语言，如此才能从源头上提高学生的语言积累与运用能力。

【例25】又是一年"世界环境日"，学校举行了一系列的活动，四（1）班正在开展保护环境的主题班会。在征集对联环节，主持人出了上联，你能根据上联，对出下联吗？

上联 春草满园缀绿　　　下联 ＿＿＿＿＿＿＿＿

【简析】以上命题，通过拟写对联的形式，让学生调动已有的知识储备，进行适切的语言表达。这样的话题贴近学生实际，能够激发学生兴趣，拓宽学生视野，初步培养学生的审美情趣，让学生感觉生活处处皆语文。命题时可以通过多种形式，引导学生更多地关注社会现实，把自己内心的感受和思考用语文的方式表达出来。

三、命题常见误区辨析

（一）课外考查脱离学段要求，拓展过度

【例26】例1："月亮"是文人墨客笔下吟诵的对象，你知道以下哪项不是月亮的雅称（　　　　）

A.丹灵　　　B.玄兔　　　C.婵娟　　　D.玉盘

【简析】此题是某教师在参加市级"创新命题"中研拟的一道关于"月亮"的积累运用题，考查对象是四年级学生。关于"月亮"的雅称在教材中没有出现，命题者想体现语文命题"积累与运用"的理念，但是题型却是我们常说的偏题。命题提倡"适度超越"，即以课本为基点，做到"依托课本，又不拘泥于课本"，不过这里的拓展、超越、迁移、延伸要有度，防止远离课本，过度发挥。命题时应认真研读教材，创造性地使用教材，发掘课本中的空白点、延伸点、拓展点，让工具性和人文性和谐发展，让课内课外相得益彰，凸显学段水平。

（二）题型设置过于开放，缺乏评判标准

【例27】本学期，你一定读过不少名著，你最喜欢哪本_____，原因是：_____。

【简析】不难发现命题者在编制这道题时主要想考查学生课外阅读的情况，并引导学生"多读书、读好书、读整本的书"，但是仅凭一道开放性的试题就能达到预期效果吗？答案是否定的，因为面对这样一道关于课外阅读检测的积累运用题，学生可以随意写出书名，甚至胡编乱造蒙混过

关，失去评价的标准和考查的意义。同样是检测学生课外阅读情况，下面这题命题就具有借鉴意义。

随着国外名著，寻访广阔世界。英国作家丹尼尔·笛福所著的《＿＿＿＿》，让我们认识了一个＿＿＿＿的鲁滨逊；美国作家马克·吐温所著的《＿＿＿＿》，让我们认识了一个＿＿＿＿的汤姆·索亚。你还阅读了哪本国外名著，填写下面的读书卡，推荐给大家吧。

好书推荐

书名：＿＿＿＿＿作者：＿＿＿＿＿

推荐理由：＿＿＿＿＿＿＿＿＿＿＿＿＿＿＿＿＿＿＿＿＿＿＿。

四、命题策略举要

（一）合理设置版块权重

怎么确定"积累与运用"在整份试卷中的权重，是很值得研究的。根据突出阅读能力的检测这一命制特点，"积累与运用"不应占过多的权重，而且应随着年级的升高，逐渐减少其权重。下面这张权重表可供参考：

表4-2　各版块分数

年级	识字与写字	积累与运用	阅读与欣赏（理解）	表达与交流
一年级	30分	35分	20分	15分
二年级	20分	30~40分	20~25分	15~20分
三年级	20分	30分	25~30分	20~25分
四年级	15分	20分	35~40分	30分
五年级	10分	20分	40分	30分
六年级	10分	20分	40分	30分

除了上述版块权重的合理分配，还要尽量不出偏题、怪题与特难的题目。比如缩句：不要出现兼语式、连动式、把字句、被字句等比较复杂结构的句子，因为这样的句子容易让学生乃至任教者无所适从。另外，低年级试卷要特别注意卷面活泼，命题语言富有亲和力和鼓励性，形式上尽量

体现趣味性，内容上努力贴近学生的生活。

（二）创设情境任务，凸显语用

"积累与运用"版块，更强调利用习得的语文知识解决问题的能力，依据情境与学生生活实际关联的特点，可以采用模拟与迁移、链接与关联、还原与整合等策略进行情境设计，实施命题。命题情境越贴近学生的生活实际，创新性情境任务设计得越适切，就越能考查学生在解决实际问题时的能力。

【例28】学校广播站开设了新栏目《少年梦，读书美》，首期节目围绕话题"经典阅读"进行访谈，将邀请作家、老师和学生代表作为嘉宾。

（1）请你为本栏目设计一条宣传语。

（2）假如你是节目的主持人，请围绕话题设计两个问题向嘉宾提问。

【简析】

此例将访谈节目与学生熟悉的校园广播相结合，设计的问题比较典型。学生解决问题时，将自己置身于情境中，设身处地地思考、预设，根据情境任务调动已有经验，输出信息，建构语言，完成交际任务，展示活动策划能力和组织协调能力，增强交际的信心和勇气，养成大胆尝试、敢于挑战的创新品格。

语文学习是日积月累的，语文积累是语文素养的一个重要方面。没有积累就没有发展，也不可能创新。要全面考查学生的语文素养，命题必须有积累方面的内容，包括字、词（尤其是成语）、句（尤其是含义深刻的名言、谚语、寓言、歇后语等）、优美段落（尤其是名篇名段、优秀古诗词、文言文等）。积累的目的是运用，因此考记背的题目不宜过多，要重点考查学生灵活运用的能力，强化学生在生活中学语文、用语文的意识，培养学生在生活中学语文、用语文的能力。从近年来的考题看，涵盖名言、俗语、谚语、歇后语，以及教材和课标中规定的诗句等，当然仅仅停留在会背的层面上是不行的。名言、俗语，要能根据具体的语境灵活运用。也就是说，积累古诗不是单一地填，是运用着填，要有情境。

第四节　阅读理解命题策略探讨

课程标准认为，阅读是运用语言文字获取信息，认识世界、发展思维、获得审美体验的重要途径。

考试中的阅读材料不仅是考查媒介，也是学生阅读资源。阅读的过程应该成为一个情感熏陶、人文培育的过程。阅读理解题目可以综合考查学生对字、词、句、段、篇的理解能力，包括整体感知、厘清思路、把握主旨、多角度地体会、独特感受、领悟写法等。

阅读理解题既要考查学生感悟、理解文章等阅读能力，还要关注阅读经验、阅读策略，引导学生在阅读中探究、发现和解决问题，学会欣赏和评价。

在命制阅读试题时，一定要把握文体的特点，掌握阅读的规律，尊重学生的阅读个性化体验，准确搜寻和捕捉信息点。比如低年级可以选取篇幅短小、内容浅显有趣的文章，命题时应重点检测学生是否具备初步读懂文章内容的能力。基础性题目，学生通过阅读能够从文章中找到答案；拓展性题目学生能够通过阅读受到启发，联系生活积累顺利完成。中高年级可以从文章内容和形式等方面提出问题，检测对文章的理解及分析鉴赏能力，注重对学生阅读感悟、情感体验等方面的检测。

一、命题理路概述

新一轮基础教育改革将"语文核心素养"定为语文课程的根本追求，因此语文考试阅读文本的选择，应着眼于学生发展，紧扣"语文核心素养"这一根本追求而展开。

（一）命题依据

1.进行有效的阅读测评第一步就是选择合适的阅读材料。阅读文本的选择是影响测评效度的重要因素，合适的阅读材料往往最接近学生的阅读水平。

我们在进行阅读题目的设计时，要准确把握语文新课程标准对学段的阅读要求。不同学段，阅读材料类型的选择应有所不同，如《义务教育语文课程课程标准（2022年版）》中的中高段各个学段阅读目标描述如下：

【阅读与鉴赏】第二学段（3—4年级）："能联系上下文，理解词句的意思，体会课文中关键词句表达情意的作用。能借助字典、词典和生活积累，理解生词的意义。""能初步把握文章的主要内容，体会文章表达的思想感情。学习圈点、批注等阅读方法。""能复述叙事性作品的大意，初步感受作品中生动的形象和优美的语言，关心作品中人物的命运和喜怒哀乐，与他人交流自己的阅读感受。"课标在第二学段并未提到说明性文章，表明说明性文章不属于此学段的必考文体。但此学段的教材中有说明性文章，比如：三年级上册《富饶的西沙群岛》、四年级上册《夜间飞行的秘密》《呼风唤雨的世纪》等。因此，在文本的选择上以叙事性作品为主，也可以适当地选择一些简单的说明性文章，只是命题要根据学段目标做出合理设计，考查说明方法不适合在这个学段。

第三学段（5—6年级）："能联系上下文和自己的积累，推想课文中有关词句的意思，辨别词语的感情色彩，体会其表达效果。""在阅读中了解文章的表达顺序，体会作者的思想感情，初步领悟文章的基本表达方法。在交流和讨论中，敢于提出看法，作出自己的判断。""阅读叙事性作品，了解事件梗概，能简单描述印象最深的场景、人物、细节，说出自己的喜爱、憎恶、崇敬、向往、同情等感受；阅读诗歌，大体把握诗意，想象诗歌描述的情境，体会作品的情感。受到优秀作品的感染和激励，向往和追求美好的理想。""阅读说明性文章，能抓住要点，了解文章的基本说明方法。"叙事性作品、说明性文章、非连续性文本都可以成为此学段的必考文体。

【文学阅读与创意表达】学习任务群旨在引导学生在语文实践活动中，通过整体感知、联想想象，感受文学语言和形象的独特魅力，获得个性化的审美体验；了解文学作品的基本特点，欣赏和评价语言文字作品，提高审美品位；观察、感受自然与社会，表达自己独特的体验与思考，尝试创作文学作品。

【思辨性阅读与表达】学习任务群旨在引导学生在语文实践活动中，通过阅读、比较、推断、质疑、讨论等方式，梳理观点、事实与材料及其关系；辨析态度与立场，辨别是非、善恶、美丑，保持好奇心和求知欲，养成勤学好问的习惯；负责任、有中心、有条理、重证据地表达，培养理性思维和理性精神。

综上所述，命题应以课程标准为依据，有针对性地选择文本类型。

（二）素材来源

语文试卷的阅读理解命题，应紧紧围绕考核学生的真实阅读能力、教师的真实阅读教学水平这一根本宗旨，坚持学生立场，考查指向学生的核心素养。在选文的内容上精益求精，精心打磨。

这就要求教师在选取阅读文章时，要符合学生认知规律，注意选文的典型性，注意选文与学生的生活紧密联系，内容的选择不仅要文字优美，而且富有趣味性、可读性。素材的来源可以从以下几方面来选择：

（1）课本内的名家名篇。

（2）从正规出版刊物或官方网络文章中进行选文。

（3）为了追求真实性，也可选用一些报刊中的文章，甚至可以选择学生的优秀习作为阅读材料。

根据以往的评价命题经验，我们在寻找素材时，常常会感到好文本可谓是一篇难求。教师可以在平时的阅读中，有意识地积累一些不同文体特征的好文本，以便命题时可以选择借鉴。

当然，命题时要注意选文的内容，体现适切性：

一是难度适中，适合学生阅读。适当考虑学生的兴趣点，选用与学生生活贴近，树立积极的人生观，富有时代气息的文章，这样能激发学生的阅读兴趣，促进理解，同时能减少学生因为紧张、厌恶等不良情绪对考试结果的影响。

二是类型适宜，契合教材编排。要与学生在阅读课所读的文章类型相似，兼顾单元中出现次数较多的文体、人文主题与语文要素。因为这样才能更好地发挥评价的诊断作用，评价学生的学习效果，起到促进学习的作用。

（三）题目呈现

阅读理解的考查一般是用文本的方法呈现，包括短文、诗歌、非连续文本等。根据年段不同，可安排1—2篇阅读材料，课内课外阅读各一篇。设题的角度表现为理解、提取信息、梳理分析、阅读鉴赏等。

二、题目设计要领

（一）紧扣课程标准

课标对各学段提出了具体的阅读目标。第一学段侧重考查学生能通过朗读和想象等手段，大体感受作品的情境、节奏和韵味；第二学段侧重考查学生在阅读全文的基础上对重要段落和语句的细致阅读；第三学段侧重考查学生对形象、情感、语言的领悟程度，以及自己的体验。根据课标的阅读考查目标，阅读考试命题可以参考下面几个例子。

【例29】文章分别从体型大、_____、_____、捕食技巧高超四个方面介绍了虎鲸的特点。

【简析】考查学生概括提取信息的能力。根据题目要求，指导学生能准确地从一段或多段文字中提取相关信息，完成填空。

【例30】"造化"一词在字典中有两种解释：①自然界的创造者，也指自然。②福气；运气。文中"造化"的正确解释应是（　　）（填序号），具体是指吃了"独果"能_____、_____。

【简析】这是第二学段的阅读题，考查学生对文本的解释理解能力。要求学生能联系上下文和生活积累，体会文章中关键词的意思，以及在表情达意上的作用。

【例31】文中有两处写到"眼睛湿润"，其原因分别是：第一处：

_____。

第二处：_____。从桂花和老人的身上，作者对生命有怎样的感悟？_____。

【简析】这是第三学段的阅读题，考查学生反思与评价的能力。要求学生能体会文中人物的喜怒哀乐，并进行简单的评价；能对文章的遣词造句和表达方式具有一定的鉴赏能力。

（二）渗透学法指导

对于阅读来说，一组题目就是一个阅读经验的引导过程，所以设计题目还要关注学生的思维发展。一方面题目之间要有内在关联，另一方面要注意层次性，设计要有梯度。

【例32】

13.阅读短文，梳理文章内容，完成下面的填空。

（留意女生）——（　　　　）——（　　　　）——（鼓励女生）

14.阅读短文，关注人物形象，完成练习。

（1）第③段中画横线的句子是_____的描写，从中可以看出这是一个_____的女孩。

（2）第⑦段中画波浪线的句子中，可以看出女老师是个_____的人，理由是：_____

15.文章结尾"即便是锋利而冰冷的一片小刀，也会裁剪出人性的温暖来"，请联系生活实际谈一谈你对这句话的理解。

_____

_____。

【简析】本题题目与题目之间构成了一条"逻辑链"，随着学生的理解不断走向纵深，他们也不断感受思维体验，不知不觉掌握了学法。

（三）体现高阶思维

高阶思维是指发生在较高认知水平层次上的心智活动或认知能力，它在教学目标分类中表现为分析、综合、评价和创造。

【例33】

14.用"＿＿＿＿＿＿"画出一处使用说明方法的句子，并用"√"从下列选项中选出它所使用的说明方法（A.举例子　B.列数字　C.打比方）。

15.文章分别从体型大、＿＿＿＿＿＿、捕食技巧高超三个方面介绍了虎鲸的特点。

16.阅读文章第④自然段，完成下面思维导图。

17.阅读材料进行判断，正确的打"√"，错误的打"×"。

（1）虎鲸在追捕猎物时的速度可以达到每小时110千米。　　（　　）

（2）文中"据推测，虎鲸每天的摄食量至少要占其体重的4%-6%"一句中，"据推测"可改为"据猜测"。　　（　　）

18.结合第⑤自然段内容，说一说人类可以采取哪些措施保护海洋生物？至少写出两点。

＿＿＿＿＿＿＿＿＿＿＿＿＿＿＿＿＿＿＿＿＿＿＿。

【简析】本题考查的是思辨、评价、反思探究等高阶思维的能力。学生将阅读中遇到的新信息与头脑中已有的知识和经验有机结合起来，发掘字面意义之外的文章深层结构和意义。

三、命题常见误区辨析

（一）关于阅读考查的题量

一份试卷中，阅读题量应服从学生阅读能力和考试时长。一般来说，四年级以下安排一篇；五六年级的长短文各一篇。答题设计一般在3—6题。有的三年级试卷选用三篇文本（文学类、实用类、非连续性文本）让学生阅读作答，多数学生往往难以在规定时间内完成，严重影响了检测的效度。

（二）关于阅读考查的篇幅

关于选文篇幅问题，为了控制阅读时间，选文必须控制字数。如果选文太长，即使只有一篇，也会增加学生完成考题的时间。比如有命题者以课程标准关于"默读一般读物每分钟不少于300字"的要求作为命制试题的依据。因为考试的默读必须与思考、作答紧密结合，其难度肯定大于平时的一般性默读，因此课程标准的默读速度要求与考试的阅读要求二者不能相提并论。

（三）关于阅读考查的题型

有些地市小学因为要进行绿色评价测试，才较多使用选择题的形式。但部分命题老师不明所以，盲目跟风，造成选择题的运用趋势正在向低年级蔓延。大量运用选择题必然使卷面容量过大，无形中增加了完成的时间，这也是部分学生难以在规定时间内完成答题的一大原因。

（四）关于阅读考查的能力

课程标准在"具体建议"中指出："阅读教学应注重培养学生感受、理解、欣赏和评价的能力。这种综合能力的培养，各学段可以有所侧重，但不应把它们机械地割裂开来。""有所侧重"，旨在根据年段学习重点和学生阅读能力，有目的地设计评价目标。通常情况下，中低段侧重于理解、归纳、梳理等能力；中高段侧重于分析、鉴赏、创造等能力。

四、命题策略举要

（一）注重关注考查方向

阅读能力可以分为六个层级：检索与复述能力，了解与转述能力，解释与推论能力，概括与整合能力，欣赏与评价能力，审辨与反思能力。

阅读测试的重点应放在能力方面，课程标准在阅读方面制订了比较清晰的要求：

第一学段：①结合上下文和生活实际了解课文中词句的意思；②在阅读中积累词语；③阅读浅近的童话、寓言、故事，对感兴趣的人物和事件有自己的感受和想法。

第二学段：①能联系上下文，理解词句的意思，体会课文中关键词句表达情意的作用；②能初步把握课文的主要内容，体会文章表达的思想感情；③能复述叙事性作品的大意；④与他人交流自己的阅读感受；⑤诵读优秀诗文，注意在诵读过程中体验情感，展开想象，领悟诗文大意。

第三学段：①能联系上下文和自己的积累，推想课文中有关词句的意思，辨别词语的感情色彩，体会其表达效果；②在阅读中了解文章的表达顺序，体会作者的思想感情，初步领悟文章的基本表达方法；③阅读叙事性作品，说出自己的喜爱、憎恶、崇敬、向往、同情等感受；④阅读诗歌，大体把握诗意，体会作品的情感；⑤阅读说明性文章，能抓住要点，了解文章的基本说明方法；⑥阅读简单的非连续性文本，能从图文等组合材料中找出有价值的信息。

上述这些要求，应是阅读试卷题目拟定的主要依据。

（二）注重与教材的衔接

评价的目的不仅是对学习的检测，也是对日常教与学的一种延伸和迁移。所以，思考文本与学生日常阅读的衔接性是命题者的第一要素，要力求选择与全体学生本阶段学习相一致的文本教材。

以部编版语文教科书六年级上册为例。

如表4-3所示，在六年级上册的语文命题中，如果是第二单元检测，可选择与本单元教材文本训练内容一致的场面描写；如果是期中命题，可以选择与几单元共性特点相符的文章；如果是期末检测评价，照应八个单元都可以。但从整册教材来看，习作单元的内容更为合适，这是本册书习作单元的训练重点，更符合六年级学生的情感体验和心智特点。

表4-3　部编版语文教材六年级上册单元主题与语文要素

册次	单元	人文主题	语文要素
六年级上册	第一单元	触摸自然	阅读时能从所读的内容想开去
	第二单元	革命岁月	了解文章是怎样点面结合写场面的
	第三单元	策略单元:有目的地阅读	根据不同的阅读目的,选择恰当的阅读方法
	第四单元	小说	读小说,关注情节、环境,感受人物形象
	第五单元	习作单元:围绕中心意思写	体会文章是怎样围绕中心意思来写的
	第六单元	保护环境	抓住关键词句,把握文章的主要观点
	第七单元	艺术之美	借助语言文字展开想象,体会艺术之美
	第八单元	走进鲁迅	借助相关资料理解课文主要内容

阅读材料可以是课文当中的一些片段也可以是课外读物中一些与新课程标准、语文要素相关联的内容。

部编版教材按照人文主题与语文要素双向安排，其中的语文要素是课标要求的细化，是编者意图的主要体现。编拟阅读试题时必须充分考虑该年级的语文要素，并注意各要素之间的内在联系。据统计，部编版教材三至六年级计62单元（64-2），加上有的一单元两个要素（5），合计67个语文要素，可归为10个类别，见表4-4。

表4-4　部编版教材三至六年级语文要素统计表

要素类别	数量	要素类别	数量
词句	6	观察	2
复述	3	想象	5
段落	3	把握文章主要内容	5
把握文章的情感、主旨与人物品质	10	不同文体的学习方法	9
表达	12	学习策略、方法	12

阅读考查时要对标本单元语文要素。

【例34】五.课内阅读

（一）课内阅读：（8分）

我们的船渐渐逼近榕树了。我有机会看清它的真面目，真是一株大树，枝干的数目不可计数。枝上又生根，有许多根直垂到地上，伸进泥土里。一部分树枝垂到水面。<u>从远处看，就像一株大树卧在水面上。</u>

榕树正在（　　）的时期，好像把它的全部生命力展示给我们看。那么多的绿叶，一簇（　　）另一簇上面，不留一点缝隙。那翠绿的颜色，明亮地（　　）着我们的眼睛，似乎每一片绿叶上都有一个新的生命在颤动。这美丽的南国的树！

1.按短文内容填空。

第一自然段从_____、_____、_____三方面入手，细致刻画了榕树的长势和形态。

2.从画"_____"句子可以体会出（　　）。

A.叶子在不停地飘动

B.榕树充满活力和蓬勃生机

C.榕树枝繁叶茂

【简析】本题是课内阅读，五年级上册第七单元的语文要素是"初步体会课文中的静态描写和动态描写"，根据本单元语文要素和课后训练点，可以考查一个知识点，即静态描写，引导学生关注静态描写的句子，进行品味和积累。再如，课后习题是编者精心设计的，体现了教材特点与语文要素，完全可以成为编拟试题的参照物。

【例35】评价人物。部编版教材三年级上册《父亲、树林和鸟》安排了这样的题目（四至六年级安排了较多的这种评价人物的题目）：

你同意下面对父亲的判断吗，说说你的理由。

①父亲一生最喜欢树林和鸟。

②父亲对鸟的习性十分了解。

③父亲很善于观察。

④父亲热爱自然。

⑤父亲曾经是个猎人。

【简析】这道题让学生学习用直接推断的形式评价人物，根据判断说清楚自己的理由。

第五节　语文与生活命题策略探讨

语文与生活又叫非连续性文本阅读，是近年来命题评价中的考查内容之一。PISA阅读测试对非连续性文本定义为：由列表构成的，文本是与连续性文本形式不同的，不是以句子为最小单位的，需要不同于连续性文本的阅读策略的文本。相对于连续性文本而言，这是一种"间断性文本"，是以间断性的内容信息符号组成的一种综合性阅读文本。

一、命题理论概述

小学阶段的非连续性文本主要围绕一个事物或主题，提供数则相对独立的材料。这些材料大多由文字、图表、漫画、数据、统计图表等多种材料组合而成，以一个话题为中心，从不同的角度，运用不同的表达方式阐述中心话题。各材料单独看是相对独立的，表达的侧重点有所不同，合在一起又能完整地、全方位地表达意义。各则材料之间的顺序并不固定，可以任意排序，没有严密的逻辑关系，在表意上具有非连续性特征，在形式上具有直观、简明、概括性强、易于比较等特点。

（一）命题依据

新课标第三学段中提出："阅读简单的非连续性文本，能从图文等组合材料中找出有价值的信息。尝试使用多种媒介阅读。"非连续文本有这样几种形式：图文结合、图表结合、纯文字等形式。非连续文本的特征是：没有完整的故事性，概括性强，醒目简洁。命题者设题的着眼点，就需关注学生能否在简单的非连续性文本信息中比较、分析、归纳，找出有价值的信息。

发展型学习任务群"实用性阅读与交流"中指出："本学习任务群旨在引导学生在语文实践活动中，通过倾听、阅读、观察，获取、整合有价值的信息，根据具体交际情境和交流对象，清楚得体表达，有效传递信息，满足家庭生活、学校生活、社会生活交流沟通需要。"

（二）素材来源

（1）贴近学生生活的个人情境体验或新鲜事。试题站在学生的立场，贴近生活，对应所学内容，创设接近真实的个人情境场，引导学生在阅读实践中，抒发属于自己的独特体会。这样命题容易唤起学生的记忆，让学生沉浸于情境中。

（2）紧扣时代发展的社会生活情境。这一类素材指向学生校内外的社会生活。

（3）关联教材内容。语文与生活拟题可以与教材内容相结合，根据一课、一单元、一册、一年段的具体内容，创设真实情境，安排典型任务。如五年级下册"根据需要选择阅读内容"就是将阅读活动与生活需要结合起来，拟题时可以此为参考。

（三）题目呈现形式

其一，纯文字表述；其二，以"图+文""图+表""文+表"等，引导学生阅读图文结合的材料，提取、处理、整合信息，完成答题。

二、题目设计要领

语文学习的过程就是与生活融会贯通的过程，重视语文与生活的联系，树立运用语文服务生活的意识，培养学生学习语文的兴趣。非连续性文本的最终目的在于生活的应用。

（一）基于生活情境

用生活化情境考查语文实践能力，用语文的方法解决实际生活问题，这是非连续性文本设计题目的关键。教师在设计题目时要注重"真实性"，首先是情境要真实，对于学生而言，也就是立足于真实生活的情况和发生在身边的真实问题。其次是文本要真实，像PISA阅读测试中常用的清单、表格、图表、时刻表、索引等都应来自于真实的报道，避免杜撰。

【例36】（四年级语文与生活）

放暑假了,爸爸妈妈都上班去了,圆圆决定自己试着煮一次饭。可电饭锅怎么用呢? 于是,她找出电饭锅的使用说明书,认真地读了起来	
	保温式自动电饭锅使用说明书: ①把米用其他容器洗净后倒进锅内,将内锅外侧的水用抹布擦干净; ②用塑料杯按照1杯米约加1.5杯水的比例将清水倒入锅内,再把内锅旋转几次,使它与电热板紧密接触; ③接通电源,这时电饭锅绿色指示灯亮,但不表示煮饭,必须把白色开关按键按下,此时红色指示灯亮,电饭锅开始煮饭; ④饭熟时,白色按键会自动跳起,红色指示灯熄灭,这是饭熟的信号,待10分钟后才会熟透; ⑤饭熟后,电饭锅能自动保温在60—80℃之间;低于此温度,指示灯会时明时灭,这表明自动保温器在工作

14.圆圆读完说明书后，知道了煮饭的步骤。请你阅读说明书，按先后顺序将下列步骤连起来。（4分）

按下按键　　　加入清水　　　洗米入锅　　　接通电源

（　　　　）→（　　　　）→（　　　　）→（　　　　）

15.圆圆将电源接通后，看见绿色指示灯亮了，就去看书了。半小时过去了，圆圆发现米还是生的，这是怎么回事呢？请你帮帮她。

_____。

16.在你的帮助下，圆圆将饭煮好了。她发现指示灯时明时灭，这又是怎么回事呢？请你在说明书上找出答案，用"_____"画出来。

【简析】这一非连续性文本完全取材于真实的电饭锅说明书，只是做了适度的删减。作者设计了暑假独自一人在家的孩子阅读电饭锅说明书并在使用的过程中出现困难需要帮助的情境，学生需要阅读电饭锅说明书了解使用方法。题目贴近儿童的生活和心理，有助于他们产生求知的欲望、探索的勇气和实践尝试的能力。

（二）着眼于学生发展

对于学生未来生活而言，实用性文本的阅读能力尤为重要。命题者将阅读文本延伸到广阔的生活空间，选择贴近生活的文本素材，更能引导学生在日常语文学习中对生活的关注。

【例37】（2021年创新命题比赛参赛作品）

【材料一】

雪是白色的，冰山是白色的，云彩也有白色的………"白色污染"是怎么回事呢？

"白色污染"已是一个众所周知的新名词，它在我们的生活中比较常见。"白色污染"主要指白色的发泡塑料饭盒、各种塑料袋、农用地膜等给环境造成的污染。

【材料二】

"白色污染"情况调查表

调查时间	2020年12月11日至12月17日				
调查地点	校园周边,小区内外,商业超市				
调查内容	看到的现象	有少许塑料袋漂浮在水面上	大量饮料瓶	一次性泡沫餐盒随处可见	垃圾袋、白色废弃物随意丢弃在垃圾桶外面	部分顾客仍在用塑料袋购物

续　表

调查内容	发现地点	湖面、草坪	校园垃圾桶	卖盒饭处、早点铺	小区垃圾桶	超市
	产生的原因	环保意识薄弱,乱扔垃圾	同学们爱喝饮料	吃完饭随手乱扔	环保意识薄弱,垃圾没有分类放置	觉得塑料袋方便
	造成的危害	对城市环境造成破坏,而且不容易降解,危害土壤、污染空气、污染水源、危害动物等,最终会造成生态环境问题				

1.根据上述材料,你认为"白色污染"的主要危害是＿＿＿＿＿＿＿＿,产生"白色污染"的主要来源有＿＿＿＿＿＿＿＿＿＿＿＿＿＿＿＿＿＿＿。

2.结合上述材料,给小区居民写一份倡议书,倡导垃圾分类和绿色生活,拒绝"白色污染"。

```
                    倡议书



```

【简析】该题将六年级上册第六单元习作《学写倡议书》与生活中环境的保护有机结合,创设了交际情境,有效考查学生人际交往的真实素养,鼓励学生走向生活,融合搜集信息和整理能力,考查了学生的阅读理解、语言建构与运用能力,促使学生在生活实践中学语文、用语文。

语文学习的过程就是与生活融会贯通的过程,重视语文与生活的联系,树立运用语文服务生活的意识,培养学生学习语文的兴趣。

三、命题常见误区辨析

(一) 考查目的不明确

义务教育语文课程标准在第三学段提出"阅读简单的非连续性文本,能从图文等组合材料中找出有价值的信息。尝试使用多种媒介阅读"的要求,可是一些学校在三年级质量检测卷中就安排考查非连续性文本的阅读。受此影响，当下一些学校不论年级高低，都进行该项目的检测，包括一年级的试卷中都出现此类题目。

（二）题型无新鲜感

有些非连续性文本选用真实的材料，比如药品说明书，表面上看来与学生生活接近，但像这样的说明书题材之前的命题中已多次出现，题型陈旧。盲目选取不是学生熟悉的常用药，更是对学生"综合比较、分析归纳""根据文章内容，解决生活实际问题"起不到帮助作用。

建议非连续性文本考查的内容多样化，比如与时事链接，与学生校内生活链接，如运动项目、读书活动等，体现生活性、时代性、趣味性。

四、命题策略举要

（一）考查方向的设计

非连续性文本阅读重点考查学生对非连续性文本的认读能力、理解能力、鉴赏能力、评价能力及阅读技巧。课程标准明确提出阅读要求："阅读简单的非连续性文本，能从图文等组合材料中找出有价值的信息""能领会文本的意思，得出有意义的结论。"非连续性文本主要考查内容有"提取有效信息，概括主要内容""整合多种信息，得出有意义的结论""分析、比较文本资料，进行综合、归纳，写出探究结果"等。由此可见，小学的非连续性文本相较于中学而言，是较为简单的，学生从简单的材料中进行比较、分析、归纳、综合，最终领会文本意思，得出结论。命题者设计题目的着眼点，应重点关注学生对较为简单的非连续性文本信息进行梳理和综合。

（二）与教材的衔接

部编版教材显然是有意识地增加了对非连续性文本的安排。一方面，在一至六年级的教材中安排了不少非连续性文本材料。如在各册次的语文园地中分别安排了课程表、动车票、导游图、路牌、公交站牌等；在课后练习中安排了讲故事导图、填写各种图表、资料袋等；在习作题目中安排了实验记录表、写作示意图等。但这些绝不能成为在第一、二学段考查非连续性文本的依据，因为这些非连续性文本是作为练习的载体出现的，它肩负着其他语文基本功训练的任务。比如，一年级上册"语文园地二"的"识字加油站"出现了课程表；二年级上册"语文园地四"的"识字加油站"出现了动车票，其立足点都在于识字，它渗透着编者注重启发学生在生活中识字，促进学生主动识字能力的培养的意图。当然从整体而言，也含有让学生从感性上逐渐增强对非连续性文本认识的意图。

另一方面，作为教材内容课文形式出现的是从五年级开始：一是五年级下册《不可思议的金字塔》，二是六年级上册《故宫博物院》。从内容的选择来看，非连续文本贴近生活中的新鲜事。比如，垃圾分类，以前还有过共享单车、地铁线路、火车票等生活中的新鲜事。通过给出的资料，考查学生提取信息、判断分析、表达观点的能力。

第六节 习作与表达命题策略探讨

习作与表达是运用语言文字进行表达和交流的重要方式，是学生认识自我、认识校园、认识社会、创造性表述的过程。熟练运用汉语言文字表情达意，是语文能力的核心，也是语文素养的综合体现。

部编版教材加强了习作教学，它自成体系又与阅读教学紧密相关，尤其是从三年级开始安排八个训练重点，体现螺旋上升、整体推进的思想。编拟习作测试题目时，必须考虑该年级所安排的习作训练重点，力求在要求方面予以体现。

从尊重学生、以学生为本的思想出发，习作应该激发学生的创作活力，让每一个孩子都能有话可说，有情可表。这就要求我们在命题中制定灵活、自由、宽泛的习作要求，尽可能地面向学生的生活实际，充分挖掘其生活积累；同时要设计好习作提示，使习作提示成为一个引子，恰到好处地诱发学生丰富的生活积累和情感记忆。学生真正拥有了写的自由，也就真正实现了课程标准所要求的"能借助不同媒介表达自己的见闻和感受，学习发现美、表现美和创造美，形成健康的审美情趣"。

一、命题理路概述

（一）命题依据

习作与表达命题，应为学生的写作提供有利的条件和广阔的空间，培养学生留心观察周围事物的习惯。通过习作与表达反映学生的生活见闻和个人的独特感受。

关于习作与表达，课程标准对各年段都有非常明确的要求。

第二学段（3～4年级）："观察周围世界，能不拘形式地写下自己的见闻、感受和想象，注意把自己觉得新奇有趣或印象最深、最受感动的内容写清楚。能用便条、简短的书信等进行交流。尝试在习作中运用自己平时积累的语言材料，特别是有新鲜感的词句。"

第三学段（5～6年级）："懂得写作是为了自我表达和与人交流。养成留心观察周围事物的习惯，有意识地丰富自己的见闻，珍视个人的独特感受，积累习作素材。""能写简单的纪实作文和想象作文，内容具体，感情真实。能根据内容表达的需要，分段表述。学写读书笔记，学写常见应用文。"

从学段目标中不难看出，习作与表达体现写实与想象两个主题，内容与生活实际相结合，关注成长。在文体上兼顾记叙文与应用文两种文体。习作的题目应力求明确、具体，切忌空泛、抽象；要让学生有话可说，有事可叙，有内容可表达，有空间可想象，给学生提供灵活运用学到的知识和技能的机会；要考虑到考试环境的特定性，不能出需要事先开展活动或收集资料才能完成的试题。

（二）命题要求

阅读与习作的命题，一定要紧扣语文要素，准确反映学生学习目标的达成情况。

（1）与单元语文要素契合，仿照习作单元体例进行设计。

（2）创设个人体验情境，激发学生的独特表达。

（3）结合生活实际，打开记忆之门，调动学生的真情实感。

（4）以记叙文、说明文为主要形式，方便学生选择素材和组织语言。

（5）题目形式上可以是材料式命题，话题式习作，半命题习作，看图式命题等。

二、题目设计要领

贴近生活实际是习作与表达应该坚持的方向。从写作规律来看，习作是表达自我的方式，是与他人沟通交流的方式。只有贴近学生的生活实际，才能让学生对于命题材料感到熟悉和亲切，激发写作兴趣，生动地描述自己印象深刻的生活经历，真切地表达自己丰富的内心世界，充分展现自己的真实习作水平，进行个性化表达。

从命题导向来看，热爱生活、友爱他人、乐观向上、乐于表达、正确认识自我等是当下写作命题的追求目标和价值。习作命题时要多方面权衡，在考虑题目的信度和效度的前提下，从学生教学评价等角度综合考虑，为学生的个性化表达提供支架，为学生充分展现自己的思维能力、表达能力和创造能力搭建平台。习作的题目应力求明确、具体，切忌空泛、抽象，要让学生有话可说，有事可叙，有内容可表达，有空间可想象，给学生提供灵活运用学到的知识和技能的机会；要考虑到考试环境的特定性，不能出需要事先开展活动或收集资料才能完成的问题。

（一）内涵丰富——情真意切的题干设计

不同的题型和年段，题干的陈述形式也不相同。命题者为避免题目过于直白，可以针对不同学段学生的年龄特点，兼顾不同学生的生活实际和认知水平，设计出生动的题干描述。

【例38】童年是一幅画，画里有我们五彩的生活；童年是一首歌，歌里欢唱着幸福和快乐；童年是纯真的、难忘的岁月......每个人都有自己的童年，你的童年有难忘的、有趣的甚至于做的"傻"事吗？可以记下来写一写。

要求：把事情的经过写清楚、具体，还可以加上自己的感受。题目自拟。

【简析】本题选自六年级试题中的习作与表达，命题者将童年比作一幅画、一首歌……引导学生多角度地观察生活，发现童年生活的丰富多彩。学生必须深入思考辨析题目的比喻义，才能写出理解独特、有一定深度的好文章。

（二）激活思维——耳目一新的命题形式

耳目一新的命题形式，自然会调动学生的积极性，激发想说、爱说的欲望，自然而然使学生的思维活跃起来。

【例39】

看到上面的图片，你有没有想到二十年后的自己，也许你正在教室里给同学们绘声绘色地讲着课，也许你正拿着画笔画着一片动人的秋景，也许……请以"二十年后的我"为题，试着写一写吧！温馨提示：1.选择一个未来方向，联系生活，发挥合理想象。2.要围绕具体事例来描写，内容生动具体，富有真情实感。

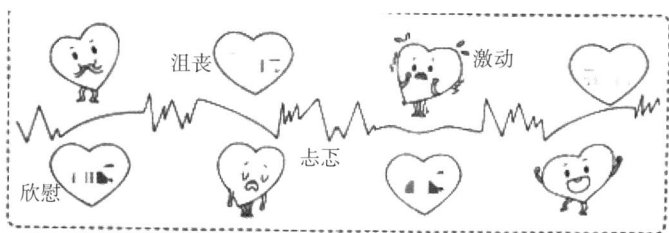

总有一种真情，流淌于生活之中。赛场上，我们有紧张，也有激动；犯了错误后，我们有害怕，也有愧疚；疫情肆虐时，我们不安，但更多的是感动……

请以"让真情自然流露"为话题写一篇习作。要求：题目自拟；通过具体事例来表达真情实感；不少于400字；文中不出现真实校名和人名。

【简析】这两题分别是五、六年级试卷上的一道作文题目，前者是联系图片想象二十年后的自己；后一题是话题作文，借助网络流行的表情包，考查学生对生活的体会与感受。因为在命题形式上的创新，引起了学生的兴趣，激活了学生的创意和表达，鼓励学生进行大胆想象和联想，进行合理而又独特的创造性表述。

（三）读写结合——阅读写作的巧妙联系

将读和写巧妙而又紧密地联系起来，是习作与表达可以尝试的一个命题方向。写作由阅读内容生发开去，这种"生发"可以是延伸，可以是挖掘，也可以是对阅读内容做拓展式思考。

【例40】（阅读《故宫》略）

随着上文中的作者一起游览了辉煌的北京故宫，你一定为我们祖国而感到骄傲与自豪！其实我国还有许多名胜古迹被列入世界文化遗产，如美丽的敦煌莫高窟，恢宏的秦始皇兵马俑等，凝结着我们祖先的汗水与智慧。

请选择一处你感兴趣的中国的世界文化遗产写一写。注意要按一定的顺序介绍清楚，内容要具体，感情要真实，不少于400字。

【简析】本题命题材料的来源与试卷中的阅读材料相关联，将读与写有机联系，启迪思维，引导学生在阅读时思考，以"写"深入考查"读"的情况，综合考查学生的阅读和写作的能力，体现了语文教学以读促写，读写结合的特点。

（四）创设情境——有效引导的写作支架

对于小学生来说，情境的创设可以激发学习兴趣，使孩子想说爱说。

【例41】早晨起来，我发现桌子上放着一个水晶做的小盒子，闪耀着七彩的光芒，按捺不住好奇之心伸手打开，结果奇妙的事情发生了，我来到了……，这儿……

要求：1.根据提供的内容展开合理想象，续写探险故事，题目自拟；2.注意写出心情的变化；3.要做到格式正确，不写错别字，不少于400字。

【简析】本题属于想象作文，创设的奇妙情境，贴近学生心灵的提示语，明确话题，帮助学生打开想象的空间，提供想象思考的路径，帮助学生明晰命题意图和写作方向。

从写作题型来看，常见的写作题型有全命题作文、半命题作文、材料作文、话题作文、漫画作文、续写改写等。

1.补充式

【例42】"生活是本无字书"，我们要做生活中的有心人。生活中的一件事、一句话、一个行为，可能都会引发我们的思考，从中获得启示。

请你以"_____的启示"为题写一篇记叙文。要求：请先把题目补充完整，然后完成习作。

【例43】伴随时光，我们一天天长大，懂得了孝敬父母，懂得了珍惜友情，懂得了宽容，懂得了感恩，懂得了坚强……

请以"那一次，我懂得了"为题写一篇作文，400字左右。要求：1.先把题目补充完整，围绕中心意思，写一写事情发生的环境和自己的心理活动。2.做到语句通顺，内容具体，表达真情实感。

【简析】两个例题分别选自合肥市2017—2018学年第二学期五年级语

文学业评价试卷和2021—2022学年度第一学期合肥市小学生发展绿色指标评价测试六年级语文答题卷。这类题目可以调动学生的真情实感，打开记忆"库存"，选择心中所"爱"，自由地抒发生活感受，各展其长。这样的命题，既能让学生有所选择、有话可写，又能考查出真实水平。

2.漫画式

【例44】漫画往往意味深长，能引发我们的思考。仔细观察下面这幅漫画。先写清楚漫画的内容，再联系生活中的人或事，写出自己从漫画中获得的启示。温馨提示：1.文章中不得出现真实校名、人名。

2.题目自拟，不少于400字。

【简析】本题选自合肥市2021—2022学年度第二学期五年级语文答题卷。漫画式命题可以检测学生的观察力、思维力和表达力。命题时提供图像清晰、含义明确、与学生生活贴近的图画，让学生观察想象、构思习作。生动形象的画面既为学生直接提供习作素材，又可以激发学生的习作兴趣。

3.选择式

【例45】

①同学们，你们的身边也有一群像《飘香的生命》中老大爷一样默默奉献的人：任劳任怨的环卫工人、爱岗敬业的老师、救死扶伤的医生、含辛茹苦的父母……请选取你印象最深的一个人，通过具体事例，运用细节描写，体现人物品质。

②社会上的新闻热点、学校里的趣闻轶事、邻里的家长里短……最近，你的身边都发生了哪些新鲜事呢？请选择一件写下来，注意突出重

点，把细节写具体。

请从以上两题中任选一题，题目自拟，字数400字左右。

【简析】本题是一道二选一的作文题，仔细读题不难发现，第一题是写人的习作，第二题是写事的文章，都符合本学段的学习内容，学生可以根据自己擅长和感兴趣的话题来选择，内容上不设限制。

4.话题式

【例46】生活中，我们常常被那一缕缕爱的温情轻轻地包裹着，我们也曾把自己的那份爱心献给父母、亲人、同学、朋友……在这样的奉献中，我们感动着他人，也常常被他人感动着。

请你以"奉献"为话题，用一到两件具体的事例，写出奉献的经过，表达真情实感。题目自拟，不少于400字。

【简析】本题选自2016年秋季合肥市小学语文五年级上册期末测试卷。围绕话题选取素材这种命题方式更适用于第三学段，这种试题能较为客观地反映学生的语言组织和表达能力。

5.材料式

材料式命题是将一段具体的材料，或描绘一个情境，或交代一段情节，或提供开头、结尾，要求学生按提供的材料和要求习作。

【例47】

习 作：游_____

你游览过哪些地方？哪个地方给你留下的印象最深？

上个周末，我去了我家附近的公园，这一次，我选择了一条与往常不同的游览路线。

每到秋天，我就要到果园里去游玩。

我游览过长城，那里的烽火台给我留下了深刻的印象。

在横线上填上这个地方的名称，把题目补充完整。按照游览的顺序写写这个地方，把游览的过程写清楚。

可以先画出游览路线图，帮助自己理清思路。印象深刻的景物要作为重点来写，注意把它的特点写出来。可以用过渡句，使景物的转换更自然。

写完后，与同学交换习作，互相看看游览的顺序、景物的特点是否写清楚了，并提出修改意见。

【简析】题目选自小学语文四年级下册第五单元习作。题目中创设了三位同学在一起交流外出游览的情境，指引学生厘清思路，按要求写作。

三、命题常见误区辨析

（一）题干表述缺乏真情实感

某些试卷一成不变的命题形式，枯燥乏味的题干一定程度上消弭了学生观察、思考、表达、创造的热情。

【例48】五、表达与交流：

成长的过程中，你最想感谢谁？为什么？请写一写。要求题目自拟，主题明确，感情真实，条理清楚，分段描述，不少于400字。

【简析】通过陈述性的讲述，发一个"最想感谢谁？为什么，写一写"的指令，依然较难让学生预期地将习得的作文知识转化为作文能力，最终难免会陷入"记事要清楚生动""写人要抓住特征"之类写作知识的泛泛讲述。

（二）不符合学段目标

写作命题应该符合学段目标，体现学生当前学习能力。一些小学试卷命制者忽视了学生年龄特点和不同学段目标要求的差异，无视区域内各小学学情的差异，考查评鉴能力的试题偏深偏难，明显是抢了"初中"的饭碗。

【例49】表达与交流。（任选一题）

（1）心里想去的地方，穿着朴素的鞋就可以到达。你的心之所向是什么？请以"心之所向，素履以往"为题写一篇习作，展示你为理想奋斗的过程。

（2）每个人的记忆中，总有一段时光，常常萦绕在心头。请以"那一段的时光"为题，根据自身经历写一篇记叙文。

要求：主题明确并符合题目要求；内容具体，表达真情实感。不少于450字。

【简析】本题是一道六年级的习作与表达。这样的题干语言虽富有诗意但目标不明，命题者没有仔细研读课标，不清楚当前的考查目的，设计出来的命题超出学生的认知，让人不明所以。题干中的"心之所向""时光"放在初中学段更为合适。只有贴近学生年龄段及其生活实际，才能让学生对命题材料感到熟悉和亲切，唤起具体的生活体验，调动写作兴趣，激起情感波澜，生动地描述自己印象深刻的生活经历，真切地表达自己丰富的内心世界，写出自己独特的看法，进行个性化的表达，充分展示自己真实的写作水平。

贴近生活实际是写作命题应该坚持的方向。从写作规律来看，写作是表达自我的方式，也是与他人交流的方式，还是对生活的认识和评价。教师应引导学生关注身边的人和事，关注社会和人生，联系生活体验和认识进行写作。写作命题时必须注意生活化、时代感、实用性，唤起学生内心的真实体验、感受和看法。

四、命题策略举要

（一）注重写作能力的考查

写作能力是学生语文素养的综合体现。

（1）紧扣年段要求，抓住记实与想象两个要点命题。

（2）与学生的生活实际相结合，命题空间要大，为学生提供激起"表达与交流"的欲望和需要的真实情境，尽量让不同层次的学生都有材料可写，有感可发，有情可抒，真实考查学生的实际水平。

（3）兼顾记叙文与应用文这两种文体，一般是半命题形式或话题作文（命题加提示语）。

（二）融通教材，紧扣要素

部编版小学语文教材以"双线组元"，每一篇课文都是文字优美，思想健康积极向上的佳作。在每一篇课文中其实都"隐藏着写作密码"。教材里每一单元的习作教学都有相对独立的写作训练，指向不同的写作技能与方法。习作与表达的命题就要紧扣语文要素，尽量融通教材，尽可能多地考查学生写作技能的掌握情况。

【例50】习作

_____即景

朝阳喷薄而出，夕阳缓缓西沉；林中百鸟争鸣，园中鲜花怒放……大自然的变化让我们感受到世界的奇妙和美好。

观察一种自然现象或一处自然景观，重点观察景物的变化，写下观察所得。根据自己的观察对象，把题目补充完整，如"雨中即景""日落即景""田野即景""窗外即景"。

写的时候注意以下几点：

● 按照一定的顺序描写景物。如写窗外即景，可以按空间顺序，由近及远地写一写窗外的景物。

● 注意写出景物的动态变化，使画面更加鲜活。如写日落即景，可以写一写太阳落下时形状的变化以及夕照下景物色彩的变化。

● 写好以后读一读，看看是不是写出了景物的变化，对不满意的地方进行修改。

【简析】命题给予我们考试自主权，赋予了检测灵活性。上述题中提供了四种"即景"样题供参考，学生可以任选一道写一篇习作。像平时命题，有的作文题就为学生提供了两个写作要求，学生可以自主选择。内容的开放性，将会让每个学生都有话可写。

教师平时要注重"深耕"部编版教材课文，让习作要素"落地生根"，命题时才能更好地让习作与表达"有法可依"。

综上所述，在落实核心素养的背景下，小学学业评价工具的改革，应从我国小学语文教育教学实际出发，落实部编版教材的教学要求，处理好继承与创新的关系，准确把握试题命制改革的方向，努力使试卷更加准确地检测学生的实际水平，促进小学语文的教学改革与教学质量的提升。学业评价应致力于促进学生素养的形成和发展，要以"一切为了学生的发展"的新课程理念审视命题、研究命题，创新命题思维，拓展命题思路，贯通学科与生活的联系，赋予试卷多样化、生活化、情境化的功能，尽可能使有限的试卷成为融合听说读写能力、汇合学科知识的载体，从而全面、综合地测查学生的语文能力，促进考试命题的科学性、规范化，真正发挥以评价促进学生发展的本质功能。

第五章　优秀试题样例评析

　　小学教育是基础性教育，考试评价不是选拔，是面向全体学生应有水平的评估。参与评价的过程应该成为学生的一次体验、一次展示、一次创造；应该成为教师的一次自检、一次反思、一次分享交流。小学语文学科考试命题必须符合新课程标准，关注学生知识与技能、过程与方法、情感态度与价值观的发展，必须体现"依托文本，放眼生活，加强整合"的理念，做到全面了解学生学习语文的情况，激发学生学习语文的积极性，有效地促进学生语文核心素养的提升。

第一节　优秀试题的标准、特征

　　优秀试题较普通试题而言，在题目的表现形式、考查范围、目的指向性等方面有明显不同。可体现如下几个共性特征：

一、试题有明确的导向性

　　一份好试卷的命制思路主要体现语文教学的真实流程，教师应在教授知识的过程中培养学生学科素养，形成语文能力。因此题目设计的导向性就尤为重要，是考查能力，还是仅仅考查知识的记忆，从题目中就能明确表现出来，也会给教师在今后的教学中指出方向，这就是题目的导向性作用。因此，我们应注意整个题目的设计要符合思维发展的过程，而不仅仅是知识点再记忆的过程，要体现从低阶思维到高阶思维的进阶。

（一）试题指向语用，重视文本的语言形式

指向语用，包括遣词造句、谋篇布局、各种表达方式和结构特征等。语言建构与运用是语文核心素养的重要组成部分，也是语文素养整体结构的基础层面。

【例1】倭瓜愿意爬上架就爬上架，愿意爬上房就爬上房。黄瓜愿意开一朵花，就开一朵花，愿意结一个瓜，就结一个瓜。

请发挥想象，结合生活实际，仿照文中画波浪线的句式写一句话。

这是一道课内阅读题，学生需对材料中的句式构成特点进行分析、判断，抓住关键词了解语句前后的逻辑关系，并体会字里行间所表达的自由畅快之情。以例句为引，学生需结合生活实际，再找到合适的素材，合理套用句式结构，完成仿写。这是一个分析、吸收、提取、运用的语用过程。

（二）试题指向思维过程，注重高阶思维能力的考查

课程标准指出：要在与学生实际生活经验密切关联的交际语境中，考查学生语言文字运用能力，思考问题的立场、观点和态度，以及思维发展水平。问题或任务设定要关注探究结果的合理性，关注学生思维品质的发展。

【例2】选择恰当的词语填空。

偶然 仍然 当然 必然 居然

学习成绩一直很优秀的小丽，这次测评（   ）才刚刚合格。有的同学认为这是（   ）的，其实并不是这样。她最近的表现很不好，多次不按时完成作业。老师批评她，她（   ）不改正。学习态度不端正，成绩（   ）会下降，这是（   ）的结果。

本题是一道词语理解运用题。题干中提供五个以"然"组成的词语，并提供一段语境，让学生阅读后选择恰当的词语填空。本题中语境材料的编制颇有心思，五句话前后有相应的逻辑关系，表达一段完整的情境内

容。五个词语虽有共同之处，但词义上存在大小不一的差异。学生需提取词义，相互比较，辨析差别，再代入语境中找到恰当的位置，这就是指向学生的思维过程，思维活动也不是单一的某一种，或一次，而是在反复比较、代入、品读中去确定结果。

（三）试题指引思想价值，注重情感态度的培养

从立德树人的角度而言，试题应注意思想性，以正确的思想导向引领学生。尤其在语文学科的试题中，还应保有文化传承与理解的重任。学生在语文学习中，能传承中华优秀传统文化，具有理解、借鉴不同民族和地区文化的能力，以及在语文学习过程中表现出来的文化视野、文化自觉的意识和文化自信的态度。课程标准指出：引导学生围绕话题或现象，深入思考探究，综合分析解决问题，在学以致用的过程中展现正确的世界观、人生观、价值观。

比如上面例2，所给语境的材料围绕学习态度与学习效果之间的逻辑关系，给学生以潜移默化的引导。每一年学业检测的命题中，都有与传统文化相关的题目。

【例3】为了取得最佳的表演效果，演员们早起晚睡，刻苦训练着，他们深知"台上三分钟，＿＿＿＿＿＿"。王冕不断地学习、创作，终于成为了画荷花的高手，因为他明白"铁杵＿＿＿＿＿——功到＿＿＿＿＿"。你还知道哪些有关克服困难、坚持不懈的谚语或成语：＿＿＿＿＿。

五年级试卷中这一题，围绕克服困难、坚持不懈的主题，学生从自己的知识储备里找出相应的内容。这样融思想教育于测试题中，有助于达到"润物无声"的教育效果。

二、试题有明显的科学性

优秀命题的科学性，具体表现为要兼有全面性、层次性、灵活性，富有实践性等特点。

（一）综合性强，考查维度丰富

传统题目中，每道题单一指向一个评价目的。

【例4】形近字组词：　　　　多音字组词：

测（　　）　慕（　　）　　漂 piāo（　　　）　　禁 jìn（　　　）

侧（　　）　幕（　　）　　　　piào（　　　）　　　　jīn（　　　）

这道题辨析字形并组词，仅仅考查是否能准确分辨形近字并应用。如果在此基础上，给予一个语段，让学生需根据语境分别用形近字组成合适的词语，能够填充到语段中。这是一个双向思维的过程：除了分辨字形，还需根据语境逆向思考合适的词语，以此来确定组成的词，这样考查的维度更丰富些。

（二）创新性强，知识覆盖面广

题目的创新不仅仅是表现形式，还有知识的覆盖面广，可以通过跨学科命题。课程标准指出：跨学科学习情境侧重强调学生综合运用多门课程知识和思想方法解决实际问题。命题应贴近学生生活经验和情感体验，抓住社会生活中常见但又值得深思的真实场景，创设新颖、有趣、内涵丰富的情境，设计多样的问题或任务，激发学生内在动机和探究欲望。

（三）灵活性强，内容开放多样

命制试题的目的是评价学生学习水平，掌握学生整体素质与能力。只有灵活的试题才能达到这个目的，才能避免因学生死记硬背、一知半解而影响测评的准确度。因此在命制题目时，要有创新精神，要从课本和生活中选取素材，经过巧妙编排，得到新颖的试题。

【例5】（浙江义乌市命题）下面是同学们习作的一组文题，要把它们汇编成一本作文集，该给作文集起一个怎样的名字呢？并请写一段"编者的话"。

《校园春色》《春耕忙》《春满江城》《早春》《春游》《知春的

小草》《蛙鸣新春》《春雨》《画春》《百花争春》

文集名：_____。

编者的话：_____。

（四）趣味性强，降低答题压力

试题的目的是能帮助学生正确反馈自己真实的学习水平，对学生的学习意愿起到正向促进作用。千篇一律、枯燥乏味的题目会降低学生探究题目内涵的兴趣，减少学习乐趣。因此，优秀的试题内容首先要正确，兼有全面性、层次性、灵活性、实践性等特点，正是这些科学的表现方式，让学生感到试题多而不杂，新而不偏，活而不怪，巧而不难。

第二节 命题评价结果的运用

一、科学使用评价结果

当我们拿到这些数据、图表、报告等，如何准确认识绿色评价，分析评价的结果，进而反思修正管理模式或教学行为？我们需要跳出评价看评价，深入评价研评价，回归评价用评价。我们聚焦三个关键词：正确的评价观念，深入的数据分析，变革教学的方式。

关键词一：正确的评价观念，跳出评价看评价。

教育质量评价改革的关键首先是理念，其次才是技术和方法。我们如何评价教育质量，本质上与我们拥有什么样的儿童观、人才观、教育质量观密切相关。如果全社会认为教育的目的就是提高学生的考试成绩，那么即使引进最先进的评测方法，也无法实现评价改革的目标。因此，只有充分认识中小学教育的价值所在，并达成共识，才能形成评价改革的基础。

我们要树立全面的教育质量观，评价的指标是引领正确的教育方向，评价的目的是诊断和改进。我们要基于整个教育的大背景思考评价改革问题：从全球教育发展趋势来看，主要依据《教育2030行动框架》《反思教育：向"全球共同利益"的理念转变》等；从国家教育发展规划层面来看，主要依据《关于全面深化课程改革落实立德树人根本任务的意见》《关于深化教育体制机制改革的意见》《义务教育学校管理标准》等。

我们从学业水平、身心健康、品德行为、学校认同、学业负担、教师课程执行力、校长课程领导力、教育公平这几个维度来分析和思考。具体来看：《关于深化教育体制机制改革的意见》中，提出培养关键能力，改变美育薄弱局面，切实加强和改进体育，加强心理健康教育，培养合作能力，引导学生学会自我管理，建立以学生发展为本的新型教学关系，要切实减轻学生过重课外负担，严格按照课程标准开展教学，改进教学方式和学习方式，改革学生评价方式，要着力解决义务教育城乡发展不协调的问题；《义务教育学校管理标准》中提出学会学习，提高艺术素养，增进学生身心健康，提升学生道德品质，营造健康向上的学校文化，提高教师教育教学能力，建立教师专业发展支持体系，实施以学生发展为本的教学，提供便利实用的教学资源，建立促进学生发展的评价体系，保障学生平等权益，建设安全卫生的学校基础设施。

绿色评价从关注全面发展到关注终身发展，从关注平等的教育到关注适合的教育，从关注"双基"（基础知识、基本技能）到关注关键能力，从关注学校教育管理到关注学校专业领导，从线下测评到线上、线下测评相结合。它坚持目标导向与问题解决相结合，坚持地方特色与融通中外相结合，坚持方向引领与实践创新相结合。

关键词二：深入的数据分析，深入评价研评价。

教师可以利用系统分析数据，进行测试结果分析，有针对性地开展试卷评讲等教学活动。对每一道试题的答题情况，不仅有详细的结果分析数据，还可以细化到每一个学生，一目了然。帮助教师全面掌握测试结果，减少了测试结果分析的工作量，减轻了教师的负担。

《学业评估分析报告单》分为四个部分：综合表现、学业等级、卷面答题情况和阅卷教师评语、综合评语和出现的问题。报告单采用等级评价方式，避免了分数和排名给学生带来的压力。报告单使用的激励性评价语言，有利于激发学生的学习兴趣。观看微课，通过和区域平均等级的比较，找出差距。

学生和家长可以查看试题分析，对于出现问题的题目或重点题型，在题号上加了颜色，点击查看详细的解析。

关键词三：变革教学的方式，回归评价用评价。

对于教师来说，利用评价报告全面了解班级学生在应知领域的学习掌握情况，增加对学情的科学认知。针对评价中暴露的问题与缺陷，分析梳理背景与成因，为补缺补差、修正教学重点作参考。如变革传统的讲授式教学；增加学生体验性、思辨性学习；以点举面、触类旁通，加强学科知识融通；以课内学习带动课外阅读，增强学生自主学习的能力，等等。

二、利用评价结果进行诊断和改进

方向一：基于评价结果的教学改进。

决定学业质量关键的因素是课堂教学，关注教学方式是落实"绿色指标"的有效路径。从教学理念、教学思想，再到教学策略、教学方式，然后是教学方法、教学手段，甚至是微方法、微手段。

教学有法，教无定法，应紧紧抓住教学方式变革，带动学生学习方式转变。如组织方式，强化独立学习、合作学习；认知方式，强化实践学习、研究性学习、探究性学习；活动方式，强化活动重视过程，突出经历丰富体验。

方向二：基于实证数据的教研模式。

通过对评价报告的解读，聚焦于"学习力"的校本研究，在实践中寻找改进教学、提升学生核心素养的路径；通过持之以恒的实践、基于实证的教研、聚焦"学习力"提升的举措，学生核心素养得以有效提升。

如在合肥市2018—2019学年第一学期评价试题中，开始出现了听力题。在小学语文教学中，让小学生熟练地理解和使用语言，培养学生的听说能力是语文教学的主要任务。在语言交流活动中，听说占很大比例，听力是获取信息、吸收知识和发展智力的重要途径。随着小学语文教育的改革，更加明确了听说训练的基础性和重要性，以有效提高学生的语言表达能力。

针对大数据的分析结果，学校组织进行"倾听能力的训练"。进行一分钟听写，集中训练学生注意力。在听写中，除了训练速度外，我们还可以将词串、佳句、易错字等纳入听写的内容，并采用分类式听写、版块式听写、提醒式听写、语境式听写等方式，多维度训练学生听的能力。

分类式听写：如教师将课文中描写颜色的词语集中听写。

版块式听写：在期末复习的时候，可以认真梳理一册课本中的词语，根据词义、词性、词语感情色彩或词语结构特点，整理成若干个版块，进行听写训练。将并列结构整理成一个版块进行集中听写，既可以帮助学生巩固积累词语，又让他们充分了解这些词语的构词特点。

提醒式听写：在听写的时候，不妨对一些难写易错的字词，及时地加以提醒、暗示或者点拨，使学生特别注意这些地方。

语境式听写：学生在具体的语境中听写词语或者句子，可以将字词句的积累与理解、运用有机地结合起来，真正体现"语用"。

方向三：基于思想进步的管理变革。

我们都知道，树立科学的教育质量观，首先要有全面质量的意识，还要有促进发展的意识。无论是针对学生个体的评价，还是针对学校的评价，都要以促进发展为根本目标，以发展的眼光看待现阶段的质量问题，改变单纯强调结果不关注发展变化的做法。关注学生能否意识到自己存在的不足之处，自我激励，不断进步；关注学校能否通过自我诊断，实现自我改进。

如结合学校校情、师情、生情、课情、学情，确认问题，围绕问题找原因，进行课堂观察设计、校本课程建设，开展项目行动实践，得到校本化研究结论，并进一步把这些结论应用于实践，提升教育教学工作的品质。

合肥市小学生学业质量绿色指标评价项目是一个不断完善的行动实践，不仅是基于结果改进教育教学决策、改进教研方式、改进教学行为。

这些实践可以体现三个导向：问题导向、需求导向和效果导向。无论哪一种改进，关键要科学、细致、系统地对评价结果进行解读，充分利用大数据为学校精准管理提供帮助，为教师精准教学提供服务，为学生学业进步提供指导，构建起高效的、充满生机和活力的课堂教学，最终让学生得到公平而有质量的教育。

第三节　听力试题评析

小学语文作为母语课程，让学生从小学会母语、用好母语、热爱母语，"听、说、读、写"是从小学好语文的四大支柱，其中任意一项不可偏废！

一、听力试题的考查目的

语文课程标准指出："义务教育语文课程围绕立德树人根本任务，充分发挥其独特的育人功能和奠基作用，以促进学生核心素养发展为目的，以识字与写字、阅读与鉴赏、表达与交流、梳理与探究等语文实践活动为主线，综合构建素养型课程目标体系；面向全体学生，突出基础性，使学生初步学会运用国家通用语言文字进行交流沟通，吸收古今中外优秀文化成果，提升思想文化修养，建立文化自信，德智体美劳得到全面发展。"

义务教育语文课程突出内容的时代性，充分吸收语言、文学研究新成果，关注数字时代语言生活的新发展，体现学习资源的新变化。强调内容的典范性，精选文质兼美的作品，重视对学生思想情感的熏陶感染作用，重视价值取向，突出社会主义先进文化、革命文化、中华优秀传统文化。注重课程内容与生活、与其他学科的联系，注重听说读写的整合，促进知识与能力、过程与方法、情感态度与价值观的整体发展。

课程标准对不同学段学生听的能力提出了不同的阶段目标，见表5-1。

表5-1 不同学段学生听的能力阶段目标

第一学段(1—2年级)	第二学段(3—4年级)	第三学段(5—6年级)
能认真听他人讲话,努力了解讲话的主要内容。听故事、看影视作品,能复述大意和自己感兴趣的情节	能用普通话交谈,学会认真倾听,听人说话时能把握主要内容,并能简要转述。能就不理解的地方向人请教,就不同的意见与人商讨	听人说话认真、耐心,能抓住要点,并能简要转述。乐于表达,与人交流能尊重和理解对方。注意语言美,抵制不文明的语言

不同年级听力练习,应厘清和明确听力材料类型、听力能力的具体表现。厘清能力指标,有助于合理选择听力材料和考查方向,提高考查的针对性和实效性。

听力检测项目是语文测试的一次改革和尝试,旨在通过这种考查项目,引导老师在平时的教学中关注学生语言听记的训练,从小培养学生倾听的习惯,逐步形成会听、善听的能力,从而培养全面的语文实践能力。

基于对学生倾听能力的评价,2018—2019年第二学期合肥市小学生绿色评价评价试题中开始出现听力题。

二、听力优秀试题分析

【例6】听力材料

听众朋友,早上好!欢迎您收听合肥广播电台早间天气播报。本周合肥气温最低25度,最高气温达34度,受梅雨季节影响,空气潮湿闷热,周末受强对流天气影响,将迎来一次明显降水过程,并可能伴有雷雨大风、短时强降水,请大家注意防范。俗语说,"六月的天,说变就变",合肥的天气真是任性。

请先认真读题,再听两遍录音,完成以下练习。

(1)根据录音内容,我们知道合肥目前已经进入_____季节,空气潮湿闷热。

(2)合肥本周白天天气情况是下列哪一项 (   )

A.炎热   B.凉爽   C.温暖

（3）下列哪项与听力材料中"任性"一词意思最接近（　　）

A.淘气顽皮　　　　B.随意变化　　　C.活泼可爱

【简析】

1.命题框架视角

考查模块：听力检测；

考查年级：五年级下；

知识点：认真倾听，把握主要内容，提取要素，完成填空或选择。

2.试题特色

听力题以电台节目播报为载体形式，以"天气预报"为主题，通过搜索、整合相关媒介材料，将生活中关注天气情况这一熟悉情景以听力题目的形式呈现。听力材料能够勾连学生的生活，将语文学习延展至课外，具有较强的导向性，即在生活中学语文、用语文。语文听力主要训练考查学生的听与思，学生能够在提供的语料中提取并记录关键信息，并结合听力材料理解一词多义，做出准确的判断。

（1）对标学生发展核心素养，链接语文学习与生活。中国学生发展核心素养，以科学性、时代性和民族性为基本原则，以培养"全面发展的人"为核心，分为文化基础、自主发展、社会参与三个方面。听力材料以"天气预报"为主题，根据提供的信息，让学生进行信息提取与判断，对接了核心素养中"能自觉、有效地获取、评估、鉴别、使用信息"，体现了"语文即生活"。

（2）实现跨学科融合，考查综合能力。语文课程标准指出：跨学科学习任务群旨在引导学生在语文实践活动中，联结课堂内外、学校内外，拓宽语文学习和运用领域；围绕学科学习、社会生活中有意义的话题，开展阅读、梳理、探究、交流等活动，在综合运用多学科知识发现问题、分析问题、解决问题的过程中，提高语言文字运用能力。

此题在内容上渗透了合肥地域气候特点，可以让学生体会天气预报语言的艺术性，培养多留心、多学习、多积累的语言习惯，不断丰富语言。学生在答题过程中，既可以增长科学知识，还可以感受到合肥天气的特点。

3.答案解析

第一题在题干中给出了相应的提示信息，如合肥已进入什么季节、空气潮湿闷热等。需要填写的信息以填空的形式提醒学生在听的时候有意识关注季节信息，从而在规定的时间内把握主要信息。根据录音内容，可以知道答案为：梅雨。

第二题主要考查学生是否听懂听力材料。题干中的关键词有"本周""白天"等，根据材料不难判断出答案为A。

第三题主要考查学生是否真正理解听力材料。在五年级下册第六单元语文园地中，列举的一些成语中的语素就保留了古汉语的意义。像这类的成语，在理解的时候就要结合语境，弄懂其中保留的古汉语的意思，然后再结合成语释义。与此不同的是，在具体语境中词语也有着不同的意思，也就是一词多义。"任性"是形容放任自己的性子，不加克制。但是在这段话中，是形容合肥天气的性格，含有拟人的手法，学生需要结合"六月的天，说变就变"这句俗语来体会，答案应为B。

【例7】听力材料

天天正和妈妈在家收看2022年冬奥会闭幕式。

天天：妈妈，演员们在舞台上为什么要手捧柳枝呢？ 妈妈：这个呀，叫折柳送别，因为"柳"与"留"同音，所以有挽留的意思。这个风俗最早出现在秦汉时期，当人们送别亲朋好友的时候，会从路边折取生机盎然的柳条送给离去的人，祝愿他们能够像离枝的柳条一样在新地方能舒适自在，随遇而安，尽快适应新的生活环境。

天天：那冬奥会上大家手捧柳枝也是表达挽留的意思啰！

妈妈：不仅仅是这个意思哦！折柳送别，闭幕式用这一中国式的诗意和浪漫，给冰雪的冬天，给全世界带来温暖，期待所有来到北京的朋友们，带上这一条柳枝，带走中国人民的友情；折柳寄情，是希望中国人民依依惜别的情谊、和平友谊的心声能够随着柳枝传递出去，希望和平之翼、友谊之心在春风绿意中茁壮成长。

天天：咱们中国的文化可真是博大精深啊！

听录音两遍，回答下面的问题。

1.填空。

"折柳送别"这一习俗最早出现于＿＿＿＿时期，"柳"与"＿＿＿＿＿"同音。

2.下面说法中，正确的打"√"，错误的打"×"。

① 古人"折柳送别"有挽留之意。 （   ）

② 诗句"此夜曲中闻折柳，何人不起故园情"中的"折柳"指的是"挽留"的意思。 （   ）

3.单选题。

北京冬奥会闭幕式表演的节目"折柳送别"的意义是 （   ）

A.希望大家的生活像柳条一样，舒服自在，随遇而安

B.体现了中国独有的诗意和浪漫

C.表达了中国人民依依惜别之情和和平友谊的心声

【简析】

1.命题框架视角

考查模块：积累与运用；

考查年级：五年级下；

知识点：有目的地捕捉信息，有依据地辨认信息，有方法地概括信息。

2.试题特色

本题的设计创意来自冬奥会闭幕式环节之一——折柳寄情。其舞台流光溢彩，气势恢宏，令人叹为观止。我国用这一代表古典礼仪的文化符号，送别西方友人，演绎了独具东方文化韵味的送别方式，上演了最美中国风。这是一种沉淀，一种传承，一种根植于心的民族文化自信。

此试题听力材料采用对话形式，生动、新颖，为学生创设了真实的生活情境。该试题力求在促进学生听读能力提升的同时，向学生展现诗意中华，彰显文化自信。

3.答案解析

第一题考查学生提取关键信息的能力。在天天与妈妈的第一次对话中提取到关键信息："'柳'与'留'同音";"这个风俗最早出现在秦汉时期。"可知答案为："秦汉"和"留"。

第二题考查学生筛选与分辨信息的能力。第一小题通过听对话内容,筛选有用信息,剔除干扰信息。在对话"因为'柳'与'留'同音,所以有挽留的意思。"可知第一句是正确的。第二小题在答题时可以根据平时的古诗积累,判断正误。"此夜曲中闻折柳,何人不起故园情"中的"折柳"指的是《折柳曲》,所以第二句是错误的。

第三题考查学生归纳与整理能力。在整体把握文意的基础上,对听力材料的重要信息进行归纳和整理。从天天与妈妈的第二次对话中的"是希望中国人民依依惜别的情谊、和平友谊的心声能够随着柳枝传递出去,希望和平之翼、友谊之心在春风绿意中茁壮成长",可知答案是C。

第四节　基础知识试题评析

一、基础知识试题的考查目的

识字写字能力是语文学习的基础,是低学段语文教学中的重点学习任务。要能正确掌握汉字的音形义,准确理解并熟练应用词句表情达意。《义务教育语文课程标准(2022年版)》对各个学段的识字量和书写量都有明确要求,秉承"多识少写"的原则,逐步培养独立识字能力,感受汉字的构字组词特点,体会汉字蕴含的智慧。

课标对书写能力要求非常明确,第一学段要求:能按基本的笔顺规则用硬笔写字,注意间架结构,初步感受汉字的形体美。写字姿势正确,书写规范、端正、整洁。第二学段提出能用硬笔熟练地书写正楷字。用毛笔临摹正楷字帖,感受汉字的书写特点和形体美。第三学段要求硬笔书写楷书,行款整齐,力求美观,有一定的速度。能用毛笔书写楷书,在书写中体会汉字的优美。

这些目标要求中蕴含的是培养学生对祖国语言文字的热爱，对识字写字的浓厚兴趣，对文化传承与文化自信的体现。因此在试题命制中也要能努力体现这些方面的要求。

二、基础知识试题的命制原则

教师命题比较重视基础知识的考查，辨析字组词，课文内容填空等，偏重记忆的检测。学业水平测评坚持覆盖面大，注重基础，既要考查学生掌握语文基本知识的状况，更要从运用的角度检测学生的实际能力。

（一）基础知识检测命题原则

语言建构与运用是语文核心素养的重要组成部分，也是语文素养整体结构的基础层面。语文考试命题要坚持立足文本、夯实基础的价值追求，这对于正确把握语文课程工具性与人文性统一的基本特点，防止语文教学"学科缺位""双基丢失"，能够在平时的教学中落实语文的本体价值有着积极的引导作用。命题时一般包含字、词（尤其是成语）、句（含句式结构、修辞用法）三个方面。考查知识概念的题目不宜过多，要重点考查学生灵活运用的能力，强化学生在生活中学语文、用语文的意识，培养学生在生活中学语文、用语文的能力。

（二）基础知识检测材料来源

语文是母语学习，可以说生活即语文。命题的内容不脱离教材，围绕教材中的重点、难点、易错点确定考查内容；命题的内容来源于生活，要和学生的生活紧密联系，突出真实性和情境性，焕发出学生学语文的激情和活力，提高学生对现实生活的领悟能力、解释能力和创造能力。如默写一首指定的古诗或一个句子是一种单纯的结论呈现，如果以生活情境引导学生灵活搜索积累，就会很好地调动学生的思考积极性，并能充分反映学生的个性思维差异。再如考查词语，重点不是考查学生能否记住词语的准确释义，而是考查学生在一定的语言环境中能否理解词语、运用词语。

三、基础知识优秀试题分析

【例8】

2020—2021学年度第一学期合肥市小学生发展绿色指标评价测试五年级语文答题卷

题干：下面是多音字"落"在《新华字典》中的两种解释，根据要求完成练习。

落 là ㄌㄚˋ 丢下，遗漏：丢三～四｜～了一个字｜大家走得快，把他～下了。

落 lào ㄌㄠˋ 义同"落"(luò)，用于一些口语词语，如"落炕、落枕、落不是、落埋怨"等。

（1）在《牛郎织女》一课中，"织女想在人间多玩一会，结果落在了后面。"这里的"落"字与（A.落井下石 B.丢三落四）_____（填序号）中的"落"读音相同，它的意思是：_____。

（2）在"爸爸昨晚睡觉落枕了"一句中，"落"字的读音念_____。这个字还有第三种读音是_____。

【简析】

1.命题框架视角

考查模块：基础知识中关于多音字的读音和字义；

考查年级：五年级；

知识点：借助注释了解多音字的不同含义，在语境中辨析正确读音。

2.试题特色

（1）题干呈现方式新颖。本题和传统的多音字组词相比较而言，题目形式新颖，呈现内容丰富。传统题目中，大多是给出多音字的不同读音，写出相应词语。本题从字典中截取相关注释图片，给予不同的语境，让学生通过联系上下文对照注释确定多音字的意思及读音。命题形式既有选择题，也有填空题，丰富多样。

（2）体现思维能力的培养。本题除了涉及直接思维之外，还有转换思维的训练点。比如第1小题，学生需要完成以下步骤：第1步是结合注释，对照所给材料选出合适的读音；第2步要辨析题干选项中两个词语中关键字的读音；第3步两相比对，确定读音相同的选项，理解关键字的意思。这里的分析、判断、比较属于高阶思维。

（3）题目综合性强。本题考查范围丰富，题干中既有语文课程知识点的内容，也有其他相关的资源，辅助学生解决问题、完成任务。题目的考查点既有对多音字不同读音的考查，也有对相关词语读音及意思的考查。命题方式有填空、选择，比较丰富，更好地做到字音、字义、词义等不同角度的整合。

3.答案解析

从题干中能看到本题涉及的三份材料具有时代性、典型性和多样性的特点：第1份材料是字典中对"落"这个多音字的两种读音注释，第二份材料来自课本《牛郎织女》的原句，以及含有"落"这个字的两个四字词语；第3份材料是来源于生活实际。三份材料组合成对多音字的字音、字形、字义三个维度的考查。

"落"这个字有三种读音，其中luò这种读音最常见，其他两种读音需要在特定的语言环境中使用。本题考查非常全面，三种读音都有所体现。把两种不常见的读音作为重要考查点，也能体现本题难度适宜。第1小题，联系上下文能确定"落"应读là，辨析选项中的两个词语，相同读音的是"丢三落四"。这里的"落"对照字典注释指的就是丢下遗漏的意思。第2小题联系上下文知道语言情境，再依据注释所给的内容可以比对，有"落枕"一词，因此确定这句话中"落"读lào；第3种读音为luò。

【例9】2021—2022学年度第一学期合肥市小学生发展绿色指标评价测试六年级语文试题卷

题干：根据要求写句子。

张勇非常喜欢读课外书。这天他正津津有味地看着《小英雄雨来》，妈妈的唠叨声又响起来了："你就是不好好学习功课，看起闲书来倒是那么起劲儿。这多耽误时间呀？"

（1）请把画"_____"的句子改写为提示语在中间的句子。

_____。

（2）请把"这多耽误时间呀？"这句话换个说法，但意思不变。

_____。

（3）张勇想要说服妈妈支持他看课外书，请你帮他写一写。

读书可以开阔我们的眼界，读书可以丰富我们的课外知识，读书可以_____，读书还可以_____。

【简析】

1.命题框架视角

考查模块：基础知识中多种句式练习；

考查年级：六年级；

知识点：根据一段语言材料，完成一系列句式练习：将对话改写为提示语在中间；变换反问句的句式；根据例句的句式结构仿写句子。

2.试题特色

（1）紧密结合教材知识点。语文句式练习形式非常多样，比如修改病句，使用修辞手法改写句子，变换句式结构，补充关联词语等。如果每个学段都进行同类型的句式练习，就不能准确体现年段目标。本题紧扣教材内容，所选的三种句式练习都是本册教材的训练要素，真正体现教学评价与教学内容紧密结合的要求。

（2）题目设计整体性强。因为句式训练的多样性与丰富性，以往在命制相关题目时，大多数题目之间都是相互独立的，整体性不强。本题以一段语言材料为中心，所有的句式训练素材都选自所给材料当中，能体现新课标中任务群学习的特点，将相对独立的句式练习，在情境中整合为一体。

3.答案解析

第一题考查提示语在不同位置的表达方式。人物对话中提示语有在前、在中、在后三种不同形式，所对应的标点符号使用略有不同。原材料中提示语在前，题目要求改成提示语在中间。学生需要准确判断妈妈所说的话中如何停顿，将提示语摆在中间合适的位置，再将标点符号做调整，提示语后面的冒号要改为逗号。答案为"你就是不好好学习功课，看起闲书来倒是那么起劲儿。"妈妈的唠叨声又响起来了，"这多耽误时间呀？"

第二题的训练点是：将反问句换种表达方式，意思不变。这种题型在中高学段练习中比较常见，对学生来说难度不大。所选材料与上题密切相关，整体感较强，本题答案为："这很耽误时间。"

第三题巧妙地引导学生围绕话题或现象，深入思考探究，综合分析解决问题，在学以致用的过程中展现正确的世界观、人生观、价值观。材料中母亲不支持孩子读课外书，题目设计"张勇想要说服妈妈支持他看课外书，他该怎么说，请你帮他写一写"这一情境，带入学生角色，使学生产生表达的意愿。句式练习中前两句给了仿写的素材。学生依据句式特点，联系生活实际和自己的理解，继续创作、表达。本题答案不唯一，具有一定的开放性，能满足学生的创造与想象发挥。如可以填："读书可以让我们懂得做人的道理，读书还可以让人目光远大、志存高远。"答案不唯一，语句通顺即可。

第五节　积累与运用试题评析

一、积累与运用试题的考查目的

《义务教育语文课程标准（2022年版）》基础型学习任务群"语言文字积累与梳理"第一学段要求：诵读、记录课内外学到的成语、谚语、格言警句、儿歌、短小的古诗等，感受中华优秀传统文化，养成自主积累的习惯。第二学段：诵读、积累成语典故、中华文化名言、短小的古诗词和新鲜词语、精彩句段等，丰富自己的语汇，分类整理、交流，初步认识中华优秀传统文化蕴含的思想；在语言积累和运用过程中，体会同义词、反义词等词语的作用，发现、感受语言的表现力和创造力。第三学段：诵读优秀诗文，分主题梳理自己积累的成语典故、格言警句、对联等语言材料，并尝试运用到日常读写活动中，增强表达效果。

这些知识都是以静态的方式储存在学生的头脑中，命题时应该依托一个相对完整而真实的语言环境，在新的语境下，调动知识储备，满足语境所需要的形式和内容。

二、积累与运用试题的命制原则

语言素养是小学生语文核心素养中的关键因素，它包括三个要素——语言、情感和思维，其中最基本、最重要的是语言。

（一）积累与运用检测命题原则

语文教材每个单元的"语文园地"中都有"日积月累"这一栏目，以及教材中需要学生背诵的内容，命题时都可以以创设情境或以主题的方式展开，将教材中的格言、歇后语、名人名言、经典古诗词统整在一起。学生要联系已有的知识，进行筛选作答。试题涉及识记、理解、运用、分析和综合等多个维度的考查，旨在提示学生识记要避免碎片化，应形成相互联结、有结构的整体。让学生在实践中领悟文化的内涵和语言应用的规则。

（二）积累与运用检测材料来源

"积累与运用"的试题内容基本源自教材，可以利用教材的资源，合理地在语言与情感之间架设桥梁，让学生在答题过程中受到情感熏陶，获得思想启迪。积累运用版块命题材料既要考虑考查的知识点，又要将教材内容以灵活多样的方式呈现，以深入考查学生的掌握情况。

三、积累与运用优秀试题分析

【例10】2021—2022学年度第二学期合肥市小学生发展绿色指标评价测试四年级语文卷

1.互联网时代诞生了一些网络新词，还使一些词语有了新的含义。按要求选一选，写一写。

（1）下列括号中，对词语新含义的理解不恰当的是（　　　）

A.潜水（在互联网群中不回帖、不发言、不上线）

B.窗口（窗户）

C.桌面（显示器主屏幕区域）

D.木马（电脑病毒）

（2）像"克隆""文件夹"这样的新词语，我也能写一个：_____。

2.请依据图意，写出对应的诗句。

图1

图2

图3

3.作为新时代的少年，我们应每天与书为伴。常言道"一日读书一日功，_____"，只有坚持阅读，才能不断地从书中得到滋养。《论语》中的"不怨天，_____"，告诉我们遇到困难时不能一味地抱怨；《老子》中的"_____，自胜者强"，教育我们敢于正视缺点，向自我挑战。

【简析】

1.命题框架视角

考查模块：积累运用；

考查年级：四年级下；

知识点：正确理解、辨析新词的意思，记背本册教材和课标指定的诗句，根据情境填写名言。

2.试题特色

（1）关注人文，渗透情感体验。语文课程标准指出："阅读是学生的个性化行为，不应以教师的分析来代替学生的阅读实践。应让学生在主动积极的思维和情感活动中，加深理解和体验，有所感悟和思考，受到情感熏陶，获得思想启迪，享受审美情趣。要珍视学生独特的感受、体验和理解。"

（2）图文并茂，架设沟通桥梁。情感是语言的羽翼，在命题设计时，在试题与学生之间建立起相互沟通的桥梁，让学生放松心情，愉快接受挑战。试题以图文并茂的形式呈现，在愉快的氛围中，引发学生的联想，让学生乐学、愿学。

（3）创设情境，综合考查能力。本题通过创设有意义的情境，与生活的联系更紧密。学语文要与用语文紧密结合，语文的学习与检测要充分注意到语文与生活的联系，在用中学，学中用，突出语文学科实践性的特质。本题采用多种题型来考查学生积累新词、古诗和名言的能力，感受语文学习与中华优秀传统文化的魅力。提供的语言情境，让学生调动知识积累和生活积累进行答题，这是学生联系生活经验，与语文知识相结合的典型题。

3.答案解析

第一题考查学生对词义演变的认识理解能力。"窗口"：原含义是指开在墙上的方形的口子，以便空气流通，后又有了实用价值，如用来售票、付款或医院挂号等。新含义是比喻同外界相互往来联系的单位、部门或地区：如交通运输部门是文明的窗口；对外开放城市成了技术的窗口、知识的窗口、管理的窗口、对外政策的窗口。电脑中窗口的含义就是一个操作界面，你眼睛所能看到的微机系统中一种新的操作环境。通过思考可以得知B选项解释是不恰当的。

为了考查学生在生活中积累理解新词的能力，所以设计了自主写出一个类似的新词一题。可以使用近年新出现的，也可以是原含义基础上有了新含义的，如充电、绿色等。

第二题考查学生通过图片提取关键信息写诗句的能力。需要学生把握图中给的重要元素和相关情景，并与古诗描绘的情景产生联想，以了解学生古诗理解和积累情况。图片形象直观、内容有趣，易于观察思考，也易于展开想象。

图1的元素有奔跑的儿童、蝴蝶、油菜花，意思是：小孩子飞快地奔跑着追赶黄色的蝴蝶，可是蝴蝶飞入菜花就再也找不到了。诗句是："儿童急走追黄蝶，飞入菜花无处寻。"

图2的元素有梅花、池塘、毛笔、孩童，意思是：我家洗砚池边有一棵梅树，朵朵开放的梅花都显出淡淡的墨痕。诗句是："我家洗砚池头树，朵朵花开淡墨痕。"

图3的元素有莲蓬、儿童、小溪、草丛，意思是：顽皮的小儿子正横卧在溪头草丛，剥着刚摘下的莲蓬。诗句是："最喜小儿无赖，溪头卧剥莲蓬。"

第三题是考查学生对名言警句的理解和掌握情况，同时引导学生与书为伴，并从名言中汲取前行的力量，体会书中的道理。"一日读书一日功，一日不读十日空"的意思是：读一天书就有一天的收获，但如果有一天没读书就会丢失十天的读书的收获。因为读书是一个连续的过程，天天都要学习。"不怨天，不尤人"是指不抱怨天，不责怪人；"胜人者有力，自胜者强"的解释为：战胜别人的只能说有力量，而能克服自身的缺点才是真正强大。由名言警句的意思和句子情境可以得知正确答案。

【例11】合肥市 2022 年小学教师创新命题大赛作品

（作者：吴桂琴）

1.汉字已经有三四千年的历史，在漫长的发展演变过程中，字体发生了很大变化。请你将"马"字演变过程用线连一连。

	金文
	楷书
	隶书
	小篆
	甲骨文

2.我会将下列广告语进行成语复原。

① "饮"以为荣（饮料）_____

② 随"寓"而安（宾馆）_____

③ 有口皆"杯"（水杯）_____

④ "食"全"食"美（饭店）_____

⑤ 面面"聚"全（面馆）_____

3.六（4）班叶知秋同学在六年级进行关于"叶"姓的历史和现状的调查研究时，发现一个有趣的现象：原来有不少同学的名字和她的名字一样，都取自一些有寓意的成语。如，叶知秋（一叶知秋）。请把些同学名字中隐含的成语写出来。

章文质（　　　　） 周若愚（　　　　　）

杜鹏程（　　　　） 朱以恒（　　　　　）

【简析】

1.命题框架视角

考查模块：积累运用；

考查年级：五年级下；

知识点：①了解汉字演变过程中最为典型的五种字体：甲骨文、金文、小篆、隶书、楷书。

②感受成语在生活中的使用，了解其中含义。

2.试题特色

本题考查学生对汉字演变中五种典型字体的了解，并能在生活实践中恰当地使用汉字。增进对汉字的了解，感受汉字的美，激发对汉字的热爱之情，从而树立从小为纯洁祖国的语言文字做贡献的意识。

（1）培植热爱祖国语言文字的情感，使学生对学习汉字有浓厚的兴趣，是语文课程目标的重要内容。汉字是世界上唯一使用至今的古老文字，是中华民族值得骄傲的伟大创造。了解汉字知识对于培养学生的识字能力、初步掌握学习语文的基本方法以及认识中华文化的丰厚博大都有直接的关系。本题基于五年级学生已经基本掌握的常用汉字，结合五年级下册第三单元综合性学习"有趣的汉字"相关活动进行设计，旨在考查对汉字演变的了解，感受汉字的美；体会汉字在生活中巧妙运用的趣味，培养学生在生活实践中学习语言文字的自主探究精神；激发对汉字的热爱之情，从而树立从小为祖国的语言文字做贡献的意识。

（2）有效整合多个知识点，既考查了课文文本上的知识，又延伸到学生学习生活中去。考查的内容贴近学生的生活，充满趣味，与单元主题相契合。

（3）能引导学生主动进行探究性学习，在实践中学习、运用语文。考题选材贴近生活，生活气息浓厚，将语言文字的运用和学生姓名的寓意巧妙地联系起来，将语文学习的工具性与人文性相统一。

3.答案解析

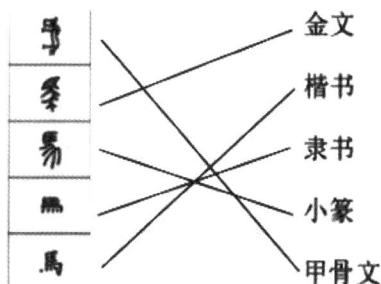

汉字是一种形体和意义紧密结合的表意文字，当它逐渐从具体走向抽象化、符号化，方块的形式才逐步固定下来。从有文字实物的殷商开始，汉字的演变经历了甲骨文、金文、大篆、小篆、隶书、楷书、草书、行书等多个阶段。第一题汉字的演变是课文中的知识，学生基本上能准确答题。

第二题是广告语中谐音字。谐音在广告中被广泛运用，很多商家都用谐音成语生动地表现产品的特色。试题中涉及的成语都是生活中耳熟能详的，学生较容易能进行有效联想。答案为：①引以为荣②随遇而安③有口皆碑④十全十美⑤面面俱到。

第三题是成语寓意在姓名中的体现。就是直接用成语当中的字词，灵活变化，组合成寓意好的名字，寄托父母的美好愿望。这与学生的生活有着密切的关系，学生容易产生亲近感，同时直观感受语言文字在生活中的运用艺术。答案为：① 文质彬彬（形容气质温文尔雅，行为举止端正），② 大智若愚（比喻有智慧的人极有涵养，不露锋芒），③ 鹏程万里（比喻前程远大），④ 持之以恒（长久坚持下去）。

【例12】

"观三国烽烟，识梁山好汉。叹取经艰难，惜红楼梦残。"这学期我们走进了中国四大古典名著，让我们再来回顾一下吧。

1.请你将故事章节和其中的人物特点连一连。

黛玉葬花　　　　　　　　　足智多谋

空城计　　　　　　　　　　多愁善感

鲁智深倒拔垂杨柳　　　　　神通广大

真假美猴王　　　　　　　　勇猛豪迈

2.四大古典名著是我国文化的瑰宝，不仅内容精彩，人物传神，还衍生了许多歇后语。请你根据情境，选出对应的歇后语，并将序号填在括号内。

A.诸葛亮当伙夫——能者多劳

B.十八罗汉斗悟空——各显神通

C.刘姥姥进大观园——满载而归

2022年2月4日，北京冬奥会隆重开幕。世界各国运动员在赛场上你追我赶，各不相让，堪称（　　）。中国小将谷爱凌成为年轻人的偶像，在此次奥运赛场上，她参加三项比赛，一人就收获了两金一银，真是（　　）。3月14日闭幕式上，各国健儿们胸前挂着奖牌，可谓（　　），开心极了。

3."三"在古代是个特殊的数字，诗人喜欢用它入诗，李白有"飞流直下三千尺""白发三千丈"夸张之句。陆游《秋夜将晓出篱门迎凉有感》有"＿＿＿＿＿"描写黄河之长；孟郊《游子吟》有"＿＿＿＿＿"表达感恩之情；词人也爱用它写词，如苏轼的《惠崇春江晚景》中有"＿＿＿＿＿"绘出桃花之态。古人喜欢用它讲故事，四大古典名著里也有许多关于"三"的故事。如《三国演义》里的"三顾茅庐"、《西游记》里的"三借芭蕉扇"。请你再写一句带有"三"的古诗词"＿＿＿＿＿"；四大古典名著中带"三"的一个故事"＿＿＿＿＿"。

【简析】

1.命题框架视角

考查模块：积累运用；

考查年级：五年级下；

知识点：学生通过人物经典故事初步感受人物形象；歇后语使用；四大名著的经典故事以及复习学过的古诗词。

2.试题特色

（1）读古典名著，品百味人生。此试题主要考查小学高学段学生初步品味古典名著的能力与素养，培养学生积极阅读中国古典名著的兴趣。《义务教育语文课程标准（2022版）》指出："每学年阅读两三部名著，探索个性化的阅读方法，分享阅读感受，开展专题探究，建构阅读整本书的经验。感受经典名著的艺术魅力，丰富自己的精神世界。"本题引导学生阅读中国古典名著，感受古典名著的魅力，引导学生乐于与大家分享课外阅读的成果。

（2）题目内容体现单元一体化教学设计。试题思路来自部编版语文教材五年级下册第二单元，本单元主题是"走进中国古典名著"。主要引导学生了解名著梗概，感悟人物形象，从而激发学生阅读古典名著的兴趣。依据课程标准，同时从单元语文要素出发，贴合实际，设计了本题。

部编版语文教材的教读、自读和课外阅读构成了"三位一体"的阅读教学框架，体现了"'读书为要'，把培养读书兴趣作为语文教学的牛鼻子"这一语文教学理念。五年级下册第二单元以"走进古典名著"为主题，选编了四大名著的四篇课文，其目的在于让学生领略古典名著的魅力，培养阅读名著的兴趣。同时，以"快乐读书吧"的"读古典名著，品百味人生"为主题进行名著阅读的拓展与延伸。感受名著魅力、培养阅读兴趣、学习阅读方法是本单元的阅读重点。从课内教读到课外学生自主阅读是一脉相承的，学生在课堂内习得阅读方法，开始阅读整本的古典名著。为凸显阅读古典名著的重要性，以评价引导教学方式的改变，考查学生课内课外阅读情况，激发学生阅读古典名著的兴趣，故设计此题目。

（3）是对"整本书阅读"的创新考查。部编版教材五年级下册的古典名著单元，以课文为基础，引领学生进行整本名著的阅读，以此增加阅读的密度，延伸阅读的广度。围绕单元主题，结合课文、"快乐读书吧"、"交流平台"等，凸显课外阅读的重要性。以绿色评价为导向，落实检测学生是否真正进行了古典名著阅读。因此在题目的设计中，以课内知识为基础，融合人物形象、经典故事、衍生文化等多样维度进行考查。在题干内容表述上，融入图画，设置情境，贴合当下热点话题，符合高年级小学生思维特点。在题型选择上，以连线题、选择题、填空题呈现，题与题之间，层层推进。题目内容选择上，通过形象有趣的图画进行连线，让学生感受名著的乐趣，其次对"三"的考查，让学生不仅填写出四大古典名著的经典故事，还引发对汉字文化的探究欲望。融名著小说、诗词于一体进行考查，内容新颖有趣，引导学生初步感受中国古典文学的魅力，着力培养学生探索中国古典文化的兴趣。在题目难易区分度上，题目由易到难，由识记到理解、运用，符合小学生认知发展。

3.答案解析

第一题主要考查学生通过图画，猜测人物经典故事及初步感受人物形象，这是本单元语文训练要素之一；第二题结合情境和自己的阅读体验，将当下时事热点与古典名著衍生的歇后语融合进行考查；第三题考查四大名著的经典故事以及复习学过的古诗词。

第一题：《水浒传》中的经典故事"鲁智深倒拔垂杨柳"，从而知道鲁智深的性格是"勇猛豪迈"；第二题"真假美猴王"的故事，知道孙悟空的"神通广大"的特点；第三题是《红楼梦》里经典的"黛玉葬花"的故事，可以知道林黛玉性格之一是"多愁善感"；第四题是《三国演义》"空城计"的故事，学生知道画里的人物是诸葛亮，从而判断人物身上"足智多谋"的品质。

第二题：歇后语是我国传统文化中一种特殊的语言表达形式，深受学生的喜爱。四大名著衍生出了许多歇后语，说明其传播广泛。第二题结合冬奥会的实时热点以及学生喜欢的新生代偶像谷爱凌，传统与现代融合。比赛场上运动员们拼尽全力，各显神通，可以判断选B。谷爱凌在此次冬奥会赛场上参加三项比赛，取得了2金1银的优异成绩，能者多劳，判断选A；最后闭幕式运动员欢欣鼓舞，载誉而归，判断选C。

第三题："三"在古典汉字文化中具有重要地位，诗词小说中都有它。陆游《秋夜将晓出篱门迎凉有感》用"三万里河东入海"描写黄河之长；孟郊《游子吟》"报得三春晖"表达感恩之情；词人也爱用它写词，如苏轼《惠崇春江晚景》中用"竹外桃花三两枝"绘出桃花之态。古人喜欢用它讲故事，四大古典名著有很多关于"三"的故事。本题还可以引发对古诗词中"九""十"等数字的探究。

第六节　阅读理解试题评析

一、阅读理解试题的考查目的

阅读题不能以考查阅读之名行考查基础知识之实，给一则阅读短文，题目却是找同义词、反义词，指修辞方法，改句型句式，加标点符号，仿写句子之类，与考查阅读能力相差较远。国际阅读素养测评是以阅读能力为取向，包括以九岁小学生为测评对象的PIRLS（全球学生阅读力进展研究），以获取与检索、整合与解释、反思与评价为指标测评阅读能力。

《义务教育语文课程标准（2022年版）》提出"实用性阅读与交流""文学阅读与创意表达""思辨性阅读与表达"三个发展型学习任务群，其教学重点都是聚焦信息梳理、内容概括、理解赏析、批判性阅读等，突出阅读能力和阅读思维的培养。通过阅读理解版块的考查，评价学生在语文实践活动中是否能获取、整合有价值的信息的能力，是否可以通过阅读、比较、推断、质疑、讨论等方式，梳理观点、表达看法，有理有据地对文本进行评价。

二、阅读理解试题的命制原则

考试中的阅读材料不仅是命题的媒介，也是学生阅读的对象。阅读的过程应该成为一个情感熏陶、人文培育的过程。在选取阅读文章时，要注意选文的典型性，内容的选择上要求文字优美，与学生的生活联系紧密，符合学生认知规律，富于趣味性、可读性。

（一）阅读理解检测命题原则

命题要准确把握课程标准对学段的阅读要求。低年级要选取篇幅短小、内容浅显有趣的文章，命题时应重点检测学生是否具备初步读懂文章内容的能力。基础性试题，学生通过阅读能够从文章中找到答案；拓展性试题，学生能够通过阅读受到启发，联系生活积累顺利完成作答。

设计中、高年级的阅读检测试题时，要包含阅读积累和阅读理解感悟两类题目。中年级要考查学生在阅读中抓重点词理解句子和文章内容的能力；高年级要通过品味含义深刻的句子理解文章内容，体会作者情感及其表达方法。通过这样的命题，引领语文教师在平时的语文课堂中认真钻研教材，依据学段要求，培养学生的阅读理解能力，提高学生对语言的感受力。

（二）阅读理解检测材料来源

试题中的阅读材料一般分为课内阅读与课外阅读两个版块。课内阅读源于教材，从本册教材中挑选重点篇目、重点片段，围绕本册单元语文要素，设计考查内容。

课外阅读材料的选择，要与课标及教材单元主题相契合。根据教材编排内容，选择写人、写景、写事、写物等某一类主题，切记要与课内阅读主题有所区别，不要重复。确定主题后，可选教材中相关作者其他相关篇目进行比较阅读，也可找与教材中同主题、同类型的篇目，还可以从推荐书目中选择整本书，从中挑选一段材料设置题目。需要提醒的是，所选材料篇幅要适中。课内阅读一般是节选几段文字，课外阅读参照教材所选文章篇幅，不超过课本文章的三分之二。因教材课文即使是略读课文，课时安排也有40分钟，试卷材料需要几分钟阅读后开始答题，所以在篇幅和理解难度上都不宜超过课本文章。

三、阅读理解优秀试题分析

【例13】2018—2019学年度第二学期合肥市小学生发展绿色指标评价测试四年级语文

（二）独　果

我家后院栽了一棵橙子树，每年果实累累。可今年不知怎么，竟一个橙子也没看见。奶奶说："这么多年，它也要歇口气了。"

转眼秋天快过去了。有一天，我爬上橙树玩，突然发现一个熟透了的大橙子，宛如一只灯笼，深深地藏在茂密的树叶里。<u>奶奶曾经说过，这叫"独果"，百年难遇。它是果树几十年的精气炼成的，吃了便能延年益寿，聪慧过人，但只能独吃，不能分吃。</u>‖

我一溜烟下了树，就往屋里跑，边跑边喊："奶奶，我发现了一个橙子，可是独果呀！"

奶奶简直不敢相信自己的耳朵："什么？独果？在哪里？这怎么可能呢？前人说过，独果不容易得到呀，可别骗我！"

我小心地摘下独果，放在奶奶手中。奶奶抚摸着，嘴里不住地念叨着："独果，真是独果，这可是一个宝物啊！"猛地，她好像想起了什么似的，把橙子往我手里一塞："小荣，快吃了，快吃了，会有大造化的！"

"奶奶，您吃吧，您要是能长生不老多好！"我执意不肯，尽管心里很想尝尝这种神物到底是个什么味儿。

"你吃吧，我怕酸。奶奶活到七十多岁，心满意足啦，反正老了没用了。"我咽了咽口水，跑开了。

玩了一会儿回到家里，只见那神物还端端正正地摆在桌子上。奶奶又在劝妈妈："这东西能治百病，你吃了吧。你身体不结实，家里里里外外都靠你一个人，身子不硬朗不行啊！"

妈妈说："您老别信那些。来，我们三个分着吃，这东西味道一定不错。""反正我不吃！"奶奶真的生气了。‖

"好吧，既是稀物，留着更好，我们一起享用。"妈妈找来尼龙线，编了一个网兜，把这稀物挂在奶奶的蚊帐上。从此，屋里飘溢着一股沁人的香气。‖

1．"造化"一词在字典中有两种解释：①自然界的创造者，也指自然。②福气，运气。文中加点词"造化"的正确解释应是（　　）（填序号），具体是指吃了"独果"能_____、_____。

2．按照已分好的段落给各段拟出小标题。

（1）_____　（2）_____　（3）_____

3.文中画横线的句子是通过对人物的＿＿＿＿＿、＿＿＿＿＿描写，表现出奶奶对"独果"的珍视。文中还有一处描写表现了奶奶的惊喜之情，请用"〰〰〰"画出来。

4.文章结尾处写道："从此，屋里飘溢着一股沁人的香气。"你认为屋子里飘溢的仅仅是橙子的香气吗？你怎么理解这句话的？

【简析】

1.命题框架视角

考查模块：阅读理解；

考查年级：四年级下；

知识点：联系上下文理解关键词语所表达的含义；提炼概括文章内容；分析人物描写的方法，体会其表达效果，并根据自己的理解，感受文章表达的主旨。

2.试题特色

（1）科学适切地评价学生的阅读素养。《义务教育语文课程标准（2022年版）》对第二学段阅读水平质量中描述：在阅读过程中能提取主要信息，能结合关键词句解释作品中人物的行为，能发现作品中的优美词语、精彩句段，能借助上下文语境，说出关键语句在表达中的作用。本题考查内容丰富，包含理解、概括、分析、评价等不同维度的阅读能力，从学生答题情况能清晰表现出其能力水平。

（2）尊重学生阅读的个性化体验。阅读是个性化的行为，学生的经历不同，体验不同，对待事物的评价与判断标准也不一致。最后一题具有一定的开放性，鼓励学生结合材料内容，联系上下文品析关键语句，找出文章内涵与主旨。这种主观性问答，能反映出学生运用语言、表达自我观点的水平。

3.答案解析

第一题通过联系上下文，"造化"一词是第②个选项，福气、运气的意思。通过提取文本信息，找到奶奶口中所说的"造化"，是指吃了独果可以延年益寿、聪慧过人。

第二题用拟小标题的方法，考查学生提炼概括能力。为降低难度，指向明确，材料中已经将相关段落划分好，学生根据划分段落的内容结合文章题目"独果"，拟出字数精简、表达准确的小标题。本题答案不唯一，参考答案：（1）发现独果；（2）互让独果；（3）共享独果。（答案内容接近即可）

第三题聚焦材料中人物形象的描写。文中对奶奶语言、动作、神态描写非常生动，塑造出一位非常慈爱、呵护晚辈的奶奶。通过本题的训练，可引导学生巩固塑造人物形象的方法。答案为：语言、动作描写。所画句子：奶奶简直不敢相信自己的耳朵："什么？独果？在哪里？这怎么可能呢？前人说过，独果不容易得到呀，可别骗我！"

第四题是理解文章主旨，学生需要对文章最后一句话所表达的含义分析体会。题干中问道："你认为这香气仅仅是独果的香气吗？怎么理解这句话"，这是考查学生审辨与反思能力。答案为：屋子里飘溢的不仅仅是橙子的香气，还有亲人之间互相关爱的芬芳。（意思答对即可）这层含义在文章中没有直接表述，但藏在字里行间，需要学生自己去感受、发现与归纳。

【例14】选自《小学语文情境化命题的设计策略》一文中的例题（作者：闵慧）

【题干】以下三首诗词都写到了渔父。请你先将诗词补充完整，再说说你最喜欢哪首诗词中的渔父形象，要具体说明理由。

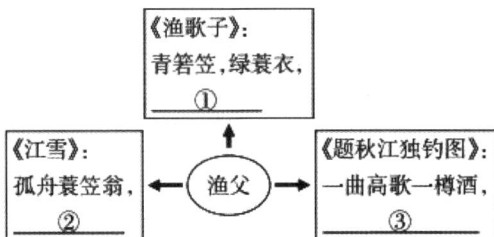

【简析】

1.命题框架视角

考查模块：阅读理解中的比较性阅读与诗歌鉴赏；

考查年级：六年级下；

知识点：记忆古诗词内容，通过对比聚焦关键词"渔父"，分析其在不同诗句中的形象。

2.试题特色

（1）组合性阅读材料，利于学生发现规律。在传统测试中，单个材料对应单一知识点的形态比较普遍，留给学生思考与表现的空间比较小。本题将大单元学习的理念运用到测评情境中，将相关材料组合在一起，构成一个学习单位，打开学生探究表达的空间。

（2）聚焦共同意象，侧重个人阅读体验的表达。这道题以渔父这个意象为核心，将学生学过的三句古诗词关联在一起，组合成结构化的阅读材料。材料呈现的图文形式以及题目中表述的"这三首诗词都写到了渔父"，都将学生阅读的焦点导向了渔父的形象，突出了本次测试情境中的典型任务。这个任务情境侧重于个人阅读体验的表达，学生在以前单篇学习中，对作品中的渔父形象已经有了感知体验。在这个组合情境中，自然会对人物形象进行比较，进一步理解渔父这一中华传统意象所表达的坚持操守、追求自由的文化内涵，也会看到这三个渔父形象的差别，由此对人物形象的认识就更细腻丰满了，可催生出高质量的答题表现。可以说，组合型的试题打开了学生探究体验的空间，更有利于学生展示良好的语文素养。

3.答案解析

本题为古诗积累与阅读，三首古诗都是学生在教材当中学过的内容。题目以图示呈现三首古诗之间的联系。题目要求先将诗句补充完整，分别是《渔歌子》"斜风细雨不须归"，《江雪》"独钓寒江雪"以及《题秋江独钓图》"一人独钓一江秋"。三首诗中的渔父形象，学生可以自主选择分析，充分尊重学生的独特体验，答案更具有开放性，不会固化学生的思维。《渔歌子》塑造了一位悠闲自得、乐而忘归的渔父形象；《江雪》塑造了一位清高、孤傲、不屈的渔父形象；《题秋江独钓图》塑造了一位逍遥洒脱，却又深藏几许萧瑟和孤寂的渔父形象。（答案不唯一）

【例15】2021—2022学年度第一学期合肥市小学生发展绿色指标
评价测试四年级语文答题卷

【题干】阅读短文，并根据要求作答。

(二) 那一季的金黄

①母亲生我是在一个小县城中。当时爸爸远在北京。我自小身体不好，五岁那年又进了医院，准备动第三次手术。妈妈是小学教师，白天上课，晚上整夜守在医院里，为我操劳着。

②一天傍晚，我照例到医院门口等她来，街上来往行人很多。那时正值橘子上市，我是特别爱吃橘子的。但在当时，它对我们这样的家庭简直是件奢侈品。爸爸妈妈的工资少得可怜，我接二连三的手术又需要一大笔钱，别说是橘子，就是一日三餐也日渐稀薄了。

③不知从哪儿飞来块橘子皮，刚巧落在我面前。我禁不住诱惑，捡起那块橘皮，如获至宝地捧着它跑回病房，把它捏在手中，闻了又闻，竟恍然睡去。（【批注1】为什么一块橘子皮对于我来说是"如获至宝"？）

④朦胧中，我被一阵抽泣声惊醒。我抬头看见妈妈红着眼睛在笑，笑得苍白，就忍不住哭了。我的泪水浸湿了妈妈的羊毛衫，那是妈妈最体面的一件衣服，也是爸爸用第一个月工资买的。七八年了，妈妈就这么一件羊毛衫。

⑤妈妈轻轻地说："好孩子，不哭，妈妈给你买橘子。"

⑥妈妈去的时间真长，来时果真带回一篮金灿灿的橘子。

⑦哦，橘子！我眼睛一亮，惊讶地看了妈妈一眼，妈妈在那片金黄中苍白地微笑着，我便疯狂地扑向了橘子。

⑧妈妈依在床边默默地看着我把金灿灿的橘子一个个排在枕边，用手一遍遍地抚摸着那些令我痴迷的金黄。（【批注2】"一个个排""一遍遍抚摸"，

生动形象地表现了我对橘子的喜爱和痴迷。）我贪婪地嗅着，忽视了世界的一切，连妈妈什么时候离去都一无所知。突然，我发现邻床刚才和妈妈一起来的一位母亲乜（miē）眼（眯着眼斜视，有看不起或不满的意思）看我，轻轻对自己的孩子说："她妈妈一件衣服只换了一篮橘子，想想妈妈的心吧……"

⑨橘子？衣服？妈妈的羊毛衫？我猛地记起点什么———妈妈那苍白的微笑和突然单薄的身影……

⑩橘子啊！从那以后，我再也忘不了那一季的金黄。

23.下面能概括短文②—⑨自然段主要内容的一项是（　　　）

A."我"捡到橘子皮，如获至宝

B."我"特别想吃橘子，妈妈用羊毛衫为"我"换来一篮橘子

C.邻床的一位母亲乜眼看"我"，让"我"觉得很奇怪

D."我"忘不了妈妈带回来的那一篮橘子

24.文中两处批注的角度分别是（　　　）

A.疑问　写法　　　　　B.疑问　启发

C.写法　疑问　　　　　D.启发　写法

【简析】

1.命题框架视角

考查模块：阅读中通过细节描写体会人物内心情感；

考查年级：四年级下；

知识点：正确概括文本主要内容，分析两处批注的角度。

2.试题特色

题目创设紧紧围绕教材，本册教材中有批注阅读策略单元。阅读的方法和策略是学生阅读素养的重要组成部分。材料中附有批注的内容，以此促进学生对文本的进一步理解，关注学生思维品质和能力的提升。本题是理解走向纵深的过程，也是体现思维路径和习得方法的过程。

王荣生说过，阅读能力的核心是阅读方法。所以教师既要关注学生阅读认知，更要关注阅读策略，这是对学生真实的阅读素养的靠近和强调，

是对教师教学的一种积极的引导。

批注有助于深度阅读，教师在教学中要进行方法的渗透，同时善于引导学生自主进行总结、梳理，从而内化成自己的方法。注重方法的迁移和运用，从课内延伸到课外，逐渐养成在阅读中自我反思、自我追问的好习惯，实现阅读能力的提升与蜕变。

3.答案解析

第1题考查学生对文章内容的概括提炼能力。概括段意的方法，可以是提取中心法，也可以是将每一段重点内容进行整合。本题是选择题，对学生来说辨析四个选项，找到最适宜的内容，降低了本题的难度。从四个选项来看，正确答案是B，A和C的概括不全面，D选项指向的是作者表达的情感，而非主要事件。

第2题考查学生对批注角度的掌握情况，既立足于对文本的理解程度，又回溯课内文本学习的深度。部编版语文教材四年级上册学生学习过了批注阅读策略单元，掌握批注的角度有四种：从有疑问的角度批注，质疑问难；从写得好的角度批注，领悟写法；从体会深的角度批注，赏析语言；从有启发的角度批注，书写感受。解答这道题需要注意的是：学生要联系旧知，充分调动自己的知识积累，回顾学习过的批注单元的三篇课文，知道批注的角度有哪些，并且仔细阅读短文内容，进行纵向和横向的深入思考，作出正确判断。第2题正确答案为A。

第七节　语文与生活试题评析

一、语文与生活试题的考查目的

《义务教育语文课程标准（2022年版）》第三部分"课程目标"第二学段（3—4年级）"梳理与探究"版块中指出："学习组织有趣味的语文实践活动，在活动中学习语文，学会合作。结合语文学习，观察大自然，观察社会，积极思考，运用书面或口头方式，并可尝试用表格、图像、音频等多种媒介，呈现自己的观察与探究所得。"第三学段（5—6年级）"阅读与鉴赏"版块有这么一段话："阅读简单的非连续性文本，能从图文等组合材料中找出有价值的信息。"

非连续性文本阅读训练主要考查学生根据材料提供的线索与情境，获取、分析和解释信息，并做出判断和评价的能力。新课标指出"语文课程应致力于学生语文素养的形成与发展"，语文素养是以语文能力为核心的综合素养，这种素养表现为较强的综合运用能力、在生活中运用语文的能力以及不断更新知识的能力。试题考查学生通过快速浏览、图文转化、分析提取有效信息的能力，同时也考查学生评价、反思的能力，创新性解决实际问题的能力。即不仅立足于对文本信息的阅读吸收，更对运用文本信息解决问题的能力进行考查，是对学生阅读能力、语言能力与高阶思维品质的考查。

二、语文与生活试题的命制原则

"语文课程应引导学生热爱国家通用语言文字，在真实的语言运用情境中，通过积极的语言实践，积累语言经验，体会语言文字的特点和运用规律，培养语言文字运用能力；同时，发展思维能力，提升思维品质，形成自觉的审美意识，培养高雅的审美情趣，积淀丰厚的文化底蕴，继承和弘扬中华优秀传统文化、革命文化、社会主义先进文化，增强对习近平新时代中国特色社会主义思想的理解和认识，全面提升核心素养。

义务教育语文课程培养的核心素养，是学生在积极的语文实践活动中积累、建构并在真实的语言运用情境中表现出来的，是文化自信和语言运用、思维能力、审美创造的综合体现。

（一）语文与生活检测命题原则

新课标要求学生在第三学段（5—6年级）应"阅读简单的非连续性文本，能从图文等组合材料中找出有价值的信息"。2002年，国际学生评估项目组织PISA首次提及非连续性文本。非连续性文本是指在承载特定主题的前提下，由多种类型的文本构成的连贯而完整的意义系统：其"非连续性"主要表现在"不连续的篇章形式"或"语义逻辑间断的文本内容"两方面。它具有实用性、复杂性、多样性、情境性的特点。研究者发现利用非连续性文本多样化的语料构建学习情境、设置学习任务有利于促进学生语文核心素养的形成。

（二）语文与生活检测材料来源

试题以真实的情境为基础，以任务驱动为载体，对学生阅读能力和思维发展水平进行考查。坚持素养立意、坚持依标设计、坚持科学规范的创编原则，以情境为载体，从学生的日常生活、文学体验、跨学科学习等不同维度设计基于情境的基础性、探究性、开放性、综合性的试题。坚持思想性、科学性、精准性、多样性原则，坚持立德树人，力求多元化评价，巩固知识与技能，发展学习能力，提升品德修养，培养良好学习习惯。

三、语文与生活优秀试题分析

【例16】2018—2019学年度第一学期合肥市小学生发展绿色指标评价测试四年级语文试题。

【阅读材料】以下是消防栓使用说明书，请仔细阅读，并完成图后四道题目。

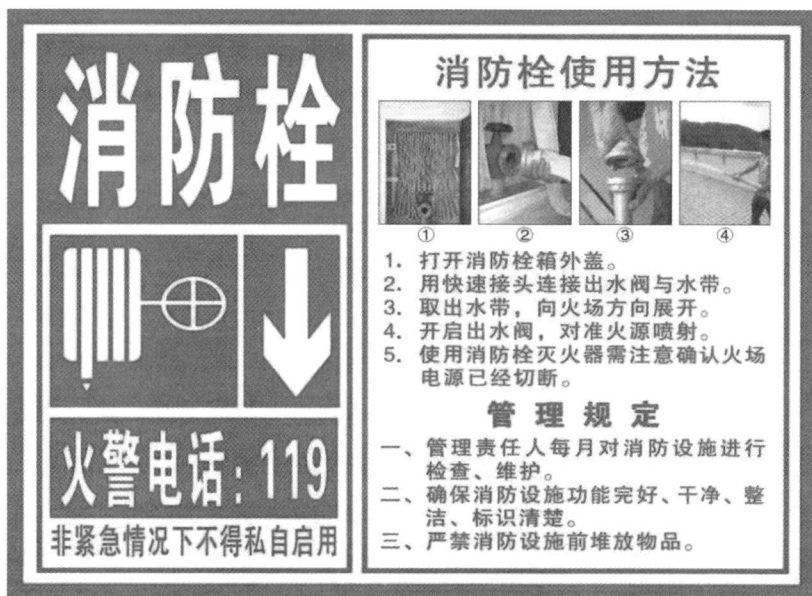

【题干】1.遇到火灾，我们应该拨打的火警电话是（　　）

A.110　　　　B.119　　　　C.120　　　　D.122

2.判断下面叙述是否正确，对的打"√"，错的打"×"。

（1）使用消防栓灭火器，需确认火场电源已经切断。　　（　　）

（2）学校有专人负责检查维护消防设施，每个季度检查一次。（　　）

（3）同学们可以自行打开消防栓，学习如何使用消防设备。　　（　　）

3.对照消防栓使用说明书，将下列使用步骤重新排序：

（1）取出水带，向火场方向展开。

（2）开启出水阀，对准火源喷射。

（3）打开消防栓箱外盖。

（4）连接出水阀和水带。

4.在日常生活中，如何防止火灾发生？请你至少写出两条正确的做法。

_____

_____

【简析】

1.命题框架视角

考查模块：非连续性文本阅读；

考查年级：四年级下；

知识点：读懂材料，提取信息，并进行判断与总结；分析图文，理解运用；借助语言进行概括，并联系生活进行表达。

2.试题特色

《义务教育语文课程标准（2022年版）》在课程实施中指出：创设学习情境，教师应利用无时不有、无处不在的语文学习资源与实践机会，引导学生关注家庭生活、校园生活、社会生活等相关经验，增强在各种场合学语文、用语文的意识，建设开放的语文学习空间，激发学生探究问题、解决问题的兴趣和热情，引导学生在多样的日常生活场景和社会实践活动中学习语言文字运用。

（1）本题为原创试题。依据课标，联系教材，选取生活中的素材，体现了语文课程的实用价值，引导学生关注生活，提升自护能力，有真实的学习情境感。

（2）材料呈现的多样化。将文字、表格、图片等高度集合在一起，图文并茂，可读性、趣味性强，符合四年级学生的阅读特点。

（3）题型丰富，形式多样。判断题、选择题、开放性试题等，创新题型设计，形式多样。各种题型难易程度不同，考查的能力点不同，有较好的区分度。

3.答案解析

第一题考查学生从材料中提取信息的能力。答案应为：B.119。

第二题考查学生对信息的提取、判断的能力。

第1句"使用消防栓灭火器需注意确认火场电源已经切断。"所以判断为"√"。

第2句"学校有专人负责检查维护消防设施，每个季度检查一次。"应每月检查一次，所以判断为"×"。

第3句"同学们可以自行打开消防栓,学习如何使用消防设备。"材料中明确指出"非紧急情况下不得私自启用",所以判断为"×"。

第三题考查学生从文字和图片中提取信息、结合已有知识推理的能力。使用步骤重新排序答案为:③④①②。

第四题考查学生根据材料联系生活实际,并进行语言表达的能力。参考答案为:不玩火;不乱丢烟头;不在禁放区及楼道、阳台、柴草垛旁等地燃放烟花爆竹……

【例17】小学生发展绿色指标评价创新命题参赛作品 (作者:刘萍萍)

【阅读材料】

剪　纸

材料一:剪纸是中国古老的民间艺术,是中国民间历史文化内涵最为丰富的艺术形态之一。山水花木、人物鸟兽、福禄寿诞等都是剪纸的素材。人们通过剪纸寄托对美好生活的向往:剪出喜鹊和梅花,就是"喜上眉梢";剪出灯笼和麦穗,就是"五谷丰登"……龙象征奋飞,鸳鸯象征爱情,蝙蝠象征福气盈门等。剪纸的用途也比较广泛,它可用于装饰门窗、镜子、灯笼等,可作为礼品的点缀,还可用作刺绣底样,甚至剪纸本身也可作为礼物赠送他人。

材料二:2022年3月上海新一轮疫情来袭,海派剪纸传承人李诗忆从担任志愿者的亲身经历有感而发,用形象生动的手法创作了《守"沪"者》系列剪纸合集,致敬社区守护者。下图是其中的两幅作品。(综合《ZAKER新闻》相关报道)

《绿码守"沪"者》

《社区守"沪"者》

冬奥会吉祥物

2022年北京冬奥会，剪纸艺人们将非遗文化与冬奥冰雪运动相结合，让剪纸兼具传统韵味与现代美感，表达出对北京冬奥会的美好祝福。浙江95后非遗传承人方侃源剪出小朋友们喜爱的冬奥会吉祥物并表示："希望传统民俗能通过年轻人传下去。"江西剪纸传承人陈杆保说："民间艺术，不仅要传承，还要与时俱进，不断创新。"（综合《澎湃新闻》相关报道）

材料三：2006年5月20日，剪纸艺术遗产列入第一批国家级非物质文化遗产名录。2009年10月中国剪纸项目入选"人类非物质文化遗产代表作名录"。2018年12月，教育部公布南京航空航天大学为中国剪纸中华优秀传统文化传承基地。

【题干】1.剪纸的不同图样寄托着人们对生活的不同期盼，请结合材料一，从以下选项中找到适合四幅剪纸图的寓意解说，并将选项填在括号里。

图一（　） 图二（　） 图三（　） 图四（　）

A.一艘船扬起风帆在海面上启航，寓意一帆风顺

B.两个"喜"字并放在一对鸳鸯上，意为"双喜临门"

C.蝙蝠配合着"寿"字纹样，谓之"五福捧寿"，寓意多福多寿

D.一个胖娃娃抱着一条大鲤鱼，寓意年年有余

2.剪纸可以很传统，也可以很现代，材料二中李诗忆针对上海疫情创作的两幅致敬社区守护者的剪纸，你更喜欢哪一幅？并说明理由。

我更喜欢《＿＿＿＿＿》，理由是＿＿＿＿＿＿＿＿＿＿＿＿＿＿＿＿＿

＿＿＿＿＿＿＿＿＿＿＿＿＿＿＿＿＿＿＿＿＿＿＿＿＿＿＿＿＿＿＿＿。

3.班里有些同学认为剪纸艺术是老年人的娱乐爱好，我们小学生没必要了解和发扬光大，你同意吗？请你结合以上材料，用简明的语言阐述你的观点。

_____

_____。

【简析】

1.命题框架视角

考查模块：语文与生活；

考查年级：六年级下；

知识点：阅读材料的理解能力和语言文字运用能力；感受剪纸艺术中蕴含的人情美和文化美；运用语文学科知识解决生活中的实际问题。

2.试题特色

基于单元一体化的视角，各题既独立承担功能，又相互联系，梯度推进，形成完整统一的综合性试题，全面考查本单元学习目标的达成。

第一小题主要根据六年级下册第一单元"民风民俗"这一主题，以及该单元语文园地"词句段运用"中围绕传统习俗提到利用谐音表达美好寓意的知识点（蝙蝠寓意福气盈门，鱼寓意年年有余），挖掘中华传统文化中的"剪纸"元素，结合时政热点，选取学生最关心的"冬奥会"和新一轮疫情的资料，提供了一些文字、图片和相关报道，考查学生对不同阅读材料的理解能力和语言文字运用能力。同时，感受剪纸艺术中蕴含的人情美和文化美，提高自己的艺术鉴赏能力，体会中华传统文化的博大精深，激发学生对中华传统文化的热爱、继承和发扬。

第二小题用贴近学生现实生活的素材，传递剪纸艺术兼具传统韵味与现代美感，激发学生对传统文化的热爱、继承和发扬；填写喜欢的理由，培养学生理解文本、提取信息、读图鉴赏和语言表达的能力。

第三小题考查语言文字运用能力。语文课程标准中提到"在发展语言能力的同时，发展思维能力……能主动进行探究性学习，在实践中学习和运用语文"。了解现状，谈谈该如何继承和发扬中华优秀传统文化，来提高学生对语言文字的理解运用和思维能力，运用语文学科知识解决生活中的实际问题。阐述观点的语言组织考查了对所给材料的信息提取能力和阅读理解能力。

【创新点】（1）以欣赏剪纸作品为切入点，先出示文字材料，再出示四幅剪纸作品，学生结合抽象的理论知识和形象的具体作品，充分调动了鉴赏作品的积极性，培养了对传统文化作品的鉴赏能力。

（2）通过列举现实生活中的两则材料，一则是2022年3月上海新一轮疫情来袭，海派剪纸传承人李诗忆从担任志愿者的亲身经历有感而发，用形象生动的手法创作了《守"沪"者》系列剪纸合集，致敬社区守护者；另一则是2022年北京冬奥会，剪纸艺人们将非遗文化与冬奥冰雪运动相结合，让剪纸兼具传统韵味与现代美感，表达出对北京冬奥会的美好祝福。以此来拉近学生与剪纸这一传统文化的距离，让语文与实际生活相联系，让语文生活化。

（3）通过结合生活了解到，对这一中华传统文化的认识，一部分人非常重视（剪纸被列入"非物质文化遗产名录"）与一部分人的轻视（"有人认为剪纸是老年人的爱好，小学生没必要了解"）形成了矛盾点，结合自身经历和材料谈谈小学生该如何继承和发扬中华优秀传统文化，以表达自己对继承发扬中华传统文化的观点与态度。

3.答案解析

第一题答案：图一（C）；图二（B）；图三（D）；图四（A）。

本题考查对剪纸图案及其寓意的判断。仔细欣赏四幅作品，认真阅读材料一，从材料中寻找线索，通过"人们通过剪纸寄托对美好生活的向往"可判断出这四幅图都蕴含美好的寓意，再根据选项判断每幅图对应的画面和寓意即可选出正确答案。

第二题答案参考示例一：我更喜欢《绿码守"沪"者》，理由是：画面上，作者将二维码与上海的建筑相结合，构成了巧妙的背景，穿防护服的医护人员手持核酸检测棒居于中间，表现了社区医护人员对上海防疫工作的贡献。

参考示例二：我更喜欢《社区守"沪"者》，理由是：社区抗疫一线的基层干部正在为了保障人民的生活而辛苦付出，突显了作者对社区工作者的赞扬。

本题考查的是理解文本的能力、读图鉴赏能力和语言表达能力。理由的阐述可以从以下几个角度进行：

（1）在第一题的基础上，从剪纸画面的角度，大致讲清楚画面上呈现了什么，表达了什么寓意；

（2）可以从作品寓意的角度，根据材料二，得知作品创作背景是2022年3月上海新一轮的疫情暴发，作者从担任志愿者的亲身经历有感而发，为了致敬社区守护者而创作的，以此阐述作者的创作目的；

（3）可以从自己最真实的内心感受去谈，言之有理即可。

第三题答案：我不同意。因为剪纸是中国民间历史文化内涵最为丰富的艺术形态之一，寄托人们对美好生活的向往；剪纸被列入国家非物质文化遗产名录和人类非物质文化遗产代表作名录；教育部非常重视中国剪纸这一中华优秀传统文化。小学生不仅要了解、学习、继承这项艺术，更要把它传承下去；还要努力做到与时俱进、不断创新，把这项艺术与现实生活紧密结合，努力发扬光大。

本题考查学生语言辨析能力、语言文字运用能力、提取信息的能力。学生根据材料一可以提取信息，剪纸"是中国民间历史文化内涵最为丰富的艺术形态之一"。根据材料二可以提取"希望传统民俗通过年轻人传下去""民间艺术，不仅要传承，还要与时俱进，不断创新"；以及剪纸作品被赋予了现实意义，与现实生活紧密相关。根据材料三可以提取信息"剪纸艺术遗产列入第一批国家级非物质文化遗产名录""中国剪纸项目入选'人类非物质文化遗产代表作名录'"，以及教育部非常重视中国剪纸这一中华优秀传统文化。学生只需要提取材料中的信息，再融合自己的理解即可写出两条观点。

第八节　习作与表达试题评析

从尊重学生、以学生为本的思想出发，习作与表达应该激发学生的创作活力，让每一个孩子都能有话可说，有情可表。这就要求我们在命题中制订灵活、自由、宽泛的习作要求，尽可能地面向学生的生活实际，充分挖掘其生活积累；同时要设计好习作提示，使习作提示成为一个引子，恰到好处地诱发学生丰富的生活积累和情感记忆。学生真正拥有了写的自由，也就真正实现了语文课程标准所要求的"写作教学应贴近学生生活实际，让学生易于动笔，乐于表达"。

一、习作与表达试题的考查目的

习作与表达是语文综合性活动的集中表现，也最能体现学生核心素养水平。核心素养是包含文化自信、语言应用、思维能力、审美创造的综合体现，这四个方面是一个整体。《义务教育语文课程标准（2022年版）》中明确要求了各个学段在习作教学方面的要求，考查命题中我们以任务为指引，通过题干中给予的材料激发学生写作欲望，启发学生合理选择素材，在规定时间内完成相应字数标准的习作。

二、习作与表达试题的命制原则

写作命题要来源于教材要求，来源于生活实际，让学生有话可说，有情可表，能真正利用语言实践活动来抒发自己对客观事物、社会环境及其他见闻的感受。

（一）习作与表达检测命题原则

习作的题目应力求明确、具体，切忌空泛、抽象；要让学生有话可说，有事可叙，有内容可表达，有空间可想象，给学生提供灵活运用学到的知识和技能的机会；要考虑到考试环境的特定性，不能出需要事先开展活动或收集资料才能完成的试题。考试作文的命题，一般可以采取以下几种形式：

（1）材料式命题。一段具体的材料，或描绘一个情境，或交代一段情节，或提供开头、结尾，要求学生按提供的材料和要求习作。

（2）看图式命题。看图式命题可以检测学生的观察力、思维力和表达力。命题时提供图像清晰、含义明确、与学生生活贴近的图画，让学生观察想象、构思习作。生动形象的画面既为学生直接提供习作素材，又可以激发学生的习作兴趣。

（3）提纲式命题。这种命题方式常用于想象类习作。小学生想象的有意性极不稳定（年级越低则越差），其想象过程常受情绪和兴趣的影响，刚开始写想象类习作时往往会出现不着边际的情况。如果能给学生一个提纲，引导其循着提纲想开去，想象的有意性和目的性就会大大增强。

（4）话题式命题。设计一个具体的话题，让学生围绕这一话题选取素材，完成习作。这种试题能较为客观地反映学生的语言组织和表达能力。这种命题方式更适用于第三学段。

（二）习作与表达检测材料来源

命题的素材基本来源于生活。根据学生生活实际，找到适应的话题或中心，让学生运用文字进行"自我表达"和"与人交流"。学习和生活中的写作材料无处不在，比如学生爱读童话、寓言故事，可以按照相应的体例，通过联想、想象去讲或续编故事，创作自己的童话；以记日记的方式，把个人的见闻，感受及想法，随手记录下来；在活动中积累素材，学习课本中一篇篇内容具体、感情真实的文章；写想象作文，想象丰富、生动有趣；写读书笔记、常见应用文。

三、习作与表达优秀试题分析

【例18】2018—2019学年度第二学期合肥市小学生发展绿色指标评价测试四年级语文答题卷

【题干】

六、习作与表达

生活中有许多值得我们夸赞或敬佩的人。看到上面这些图，你的内心一定有所触动，让你想起了身边的谁呢？他（她）有哪些优秀的品质？请你选择身边最熟悉的一个人，通过具体事例，夸一夸他（她）。要求：1. 请以《夸夸我的_____》为题（把题目补充完整），或自拟题目。

2. 语句通顺，内容具体，条理清楚，能表达真情实感。

3. 书写工整，300字左右。

【简析】

1. 命题框架视角

考查模块：习作；

考查年级：四年级下；

知识点：根据图意提示，找到每幅图中关键人物所具有的品质。以此受到启发，通过具体事例，写写身边值得敬佩的人。

2. 试题特色

本题为看图式命题和补充式命题相结合，提供两类材料。第一类是四幅图片，给学生提供了写作素材，也启发学生联系生活实际收集相关材料，尽快确定描写对象和典型事例。学生在观察四幅图片时，可以检测学生的观察力、思维力和表达力。命题时提供图像清晰、含义明确、与学生生活贴近的图画，让学生观察想象、构思习作。生动形象的画面既为学生直接提供习作素材，又可以激发学生的习作兴趣。第二类是补充式命题的文字材料，是对图片进行补充说明，对学生启发性强，同时明确了习作要求。

3. 试题评议

四幅图片中所表现出人物值得肯定的品质分别是：尊敬老师、孝敬长辈、乐于助人、爱护环境。学生可以以此为例，联系身边熟悉的人和事，选取材料写具体；也可以根据后面的文字材料提示：夸夸我的谁。既然是"我的谁"，肯定是身边熟悉的人，想想还具有哪些其他可贵的品质？比如热心的邻居、尽职尽责的老师、慈爱的父母、勇敢坚强的朋友等。

在做评价标准的设定中，不能仅仅以"略"来代替，应该围绕语言表达、内容组织、文章结构以及书写水平等四个维度，设定不同的评价等级。以此为标准，才能客观准确地给予评价，见表5-2。

表5-2 习作与表达评价标准

等级	项目			
	书写及标点(5分)	语言表达(7分)	内容组织(7分)	文章结构(6分)
一类文 (22~25)	字迹工整、美观，标点使用正确	语句通顺流畅，能用完整的句子表达自己的意思	精心选材，内容具体，能紧紧围绕一个事例把人物品质描写清楚	段落层次分明，有一定的逻辑性和思想内涵
二类文 (19~21)	字迹工整、美观，标点使用大部分正确	语句较通顺流畅，能用完整的句子表达出自己的意思	内容比较具体，能围绕一个事例把人物品质描写得较清楚	能合理地分段写作
三类文 (15~18)	字迹欠工整，错别字较多，标点错误多	语句基本通顺流畅，基本能用完整的句子表达出自己的意思	事例欠具体，中心基本明确，缺乏生动的描写	层次不清楚
四类文 (15分以下)	书写不认真，错别字多，标点使用不当或基本不使用标点	语句的完整性和通顺程度不够，句子的表达不完整，有语病	内容比较简单，写人与写事分不清，文章的意思表达不清楚	层次不清楚或单段写作

【例19】2017—2018学年度第二学期合肥市小学生学业评价方式改革实验测试卷四年级语文

【题干】五、习作

在生活和学习中，我们都有一些美好的愿望，如"我想有个好朋友""我想有个可爱的小屋""我想有朵七色花"等。请你以"我想有_____"为题，写一写你心中的愿望和产生这个愿望的原因。可以写人、写事、写物，任你选择，任你想象。

要求：做到语句通顺，书写工整。文中不得出现真实的校名、人名。

【简析】

1.命题框架视角

考查模块：习作；

考查年级：四年级下；

知识点：根据话题，以美好的愿望为素材，写一篇想象作文。

2.试题特色

本次习作是一篇半命题的想象文。题目能紧扣年段要求，抓住记实与想象两个要点命题。此外，题目与学生的生活实际相结合，命题空间大，为学生提供激起"表达与交流"的欲望和需要的真实情境，尽量让不同层次的学生都有材料可写，有感可发，有情可抒。

3.试题评议

本次习作是一篇半命题的想象文。通过话题导入，列举了三个不同指向的愿望，题目范围宽广，可以写人、写事、写物；在选材及主题上，其内容没有过多的限制，让学生能自由驰骋、不受束缚。

每个人心中都有美好的愿望，这个题目能激发学生展开美好的联想，表达自己对生活的期待，带着美好的愿望去憧憬生活，给予积极的导向。在评价标准上，可以仿照表5-2，围绕语言表达、内容组织、文章结构以及书写水平等四个维度，设定不同的评价等级。

后　记

一段文字，一个案例，颇具匠心的创新设计，各具声情的浅吟低唱，踏着如歌的行板，向读者款款走来。

伏案两年，《小学语文学业评价命题与创新》一书终于付梓。翻开这本书，你会被真诚温暖的文字所牵引、所打动，因为字里行间充满着对教育的热忱，对命题创新的探索，对教育的美丽图景的希冀。

这是6年来的思考、探索、实践的成果，这也是整个命题组一行人的夙愿：希望将几年来命题研究与实践探索的心路历程记录下来，帮助一线教师正确认识命题工作的意义与责任，掌握命题的技巧和方法、策略，更好地明晰教学方向，提升教学质量；希望能将多年来的实践经验和深度思考总结提炼出来，为老师们开展评价研究作些参考。

"为伊消得人憔悴"，撰写的过程是艰辛的。因为关于命题的数据不多，基本没有借鉴参考的资料。纵使有大量的经验积累，但对于科学性和艺术性这些方面还有很多不足：比如体例的样式，例题的分析缺少理论支撑，章节的序列性和逻辑性不强等。

这本书整体框架、体例编写、例题遴选和设计，前前后后论证多次，一次次推翻、一次次突破，通过艰难跋涉、痛苦抉择才最终形成。感谢命题组成员6年来的艰辛付出。他们有时为命题的考查点冥思苦想，有时为命题的创新性激烈争辩，有时为一道好的原创命题欢呼雀跃，有时也因为无法找寻突破口而焦躁不安。不断地碰撞，将碰撞出基本的价值认同，并以碰撞出的星星之火贻人以希望；不断地思辨，将更明晰前行的方向，从而拓宽教育生涯前行之路。

《小学语文学业评价命题与创新》从小学语文学业评价命题概述开始，

基于学业评价命题基本要求、学业评价命题过程与方法、六大版块命题策略探讨、优秀试题样例评析五个方面进行阐述，旨在向老师们传递一种信息：教学评价是教学工作的一个重要环节，心系评价就是心系教育、心系学生。作为新时代的教师，应系统掌握评价命题的基本技能，把命题研究当做一门学问，不断磨炼教学基本功，以一种全新视角审视我们的课堂，树立正确的学业观、学生观和教育观，做一个有理想、有见解、有能力的"小先生"。

诗人艾略特在《四个四重奏》中这样写道："我们叫做开始的往往就是结束，而宣告结束也就是着手开始。终点是我们出发的地方。"始终用研究的视角对待一切，可以避免盲目，看懂现在，走向未来。

由于水平有限，书中对某些问题的思考和论述可能还不够深刻、透彻，难免存在不足之处，敬请同行专家、同仁和广大读者提出宝贵意见，以便做更深入的探索和实践。在该书付梓之际，真诚地感谢领导、老师，他们在百忙之中对本书提出了修改意见，弥补了疏漏，付出了辛劳，感激之情无以言表。